| 세미오시스 번역총서 06 |

미디어 연구
이론과 접근법

이 논문(역서)는 2010년 대한민국 교육부와 한국연구재단의 인문한국(HK)지원사업의 지원을 받아 수행된 연구임(NRF-2010-361-A00013).

| 세미오시스 번역총서 06 |

MEDIA STUDIES

THEORIES AND

APPROACHES

미디어 연구

이론과 접근법

Dan Laughey 지음
안미경 옮김

HU:iNE

머리말: 다섯 편의 시나리오

시나리오1: 1984년 5월 어느 따뜻한 밤에 한 소년은 European Cup Final에서 Liverpool이 Roma를 상대로 승리를 거두었다는 텔레비전 보도를 보고 있다. 그는 1년 후 같은 결승 경기에서 Liverpool이 Juventus에 10대 1로 패하자 성난 팬들이 Heysel 스테디움에서 서로 죽이는 유혈사태를 벌이는 모습을 텔레비젼에서 보게 되지만 평생동안, 좋을때나 힘들때나, Liverpool을 응원할 것이다. 충격을 받아 할 말을 잃었던 TV진행자 Jimmy Hill의 이 사건에 대한 무고한 기억은 점점 흐려질 것이다.

시나리오 2: 손님들이 집들이 파티에 도착한다. 처음으로 자신들의 집을 갖게 된 젊은 부부는 이 집을 장만하기 위해 수년간 저축을 해왔고 몇 달간 이 집을 수리하고 단장하느라 시간을 보냈다. 손님들이 도착하고 그들의 HOME SWEET HOME이라고 새겨진 매트에 발을 닦고 새로 칠한 현관에 코트를 걸고 새 가죽 소파에 앉아 벽난로를 바라보며 크리스탈 와인잔으로 와인을 마신다. 대화가 무르익어갈 때 누군가가 그 주인 부부의 집 장만에 대한 노고를 의식하지 못하고 '와, 새 텔레비전 너무 멋있다'라고 얘기하자 '우리 무이자로 샀어, TV 틀어볼까?'라고 주인 부부가 말한다. TV는 대부분 사람들의 거실에서 생활의 활력소 역할을 한다(심지어 그러리라 예상하지 못한 상황에서 조차).

시나리오 3: 십대 소년의 부모는 국내에서 가장 유명한 발레 학교에서 아들을 교육시키기 위해 사업체를 팔 결심을 한다. 영화 Billy Elliot(2000)의 메아리처럼 들릴 수 있겠지만 이 소년을 발레로 이끈 장본인은 다름아닌 아이들이 즐겨보는 TV프로그램의 캐릭터 Angelina Ballerina이다. 대부분의 유아들이 Power Rangers의 쿵푸 차기를 모방하거나 총격 비디오게임을 할 때 이 소년은 텔레비전을 보며 발레 스텝을 배우고 발레의 길을 선택하게 된 것이다.

시나리오 4: 방콕 교외지역에서 금요일 밤 러시아워 시간에 한 남자가 잘못된 방향에서 택시를 불러 타고 그 택시 운전자에게 달려들어 머리에 총을 쏜다. 그는 차 밖으로 시체를 던져버리고 몇 마일을 그 택시를 타고 차량사이를 누비며 빠져나가면서 무차별적으로 총을 쏜다. 결국 그는 경찰에 체포되고 그 경찰은 그의 행동을 설명하라고 요청한다. 그는 Grand Theft Auto IV(2008)라는 차량절도와 폭주 롤 플레이 비디오 게임에 중독되었다고 털어놓게 된다. 그래서 그 비디오 게임은 태국에서 배포가 금지된다.

위 네 편의 시나리오는 모두 다르지만 있을 법한 이야기이며 미디어가 보통 사람들의 삶에 침투해서 어떻게 영향을 미치고 있는지를 보여주고 있다. 이제 시나리오 5를 살펴보자.

시나리오 5: 크게 성공한 기업체 여성 임원은 앞만 보고 달려온 생활은 이제 충분하다고 결정을 하게 된다. 그녀는 일을 잠시 접어두고 모든 물품을 버리고, 남태평양 외딴섬으로 가는 편도 비행기표를 예약하고 그녀의 이전 흔적을 모두 지우고자 한다. 그녀는 문자 메시지를 보내는 대신에 이상한 관악기를 불고 동그란 담배 연기를 내뿜는다; Facebook대신에 그녀는 페이스페인팅을 하고 인터넷을 서핑하는 대신에 독거미의 거미줄을 피하는 법을 배운다. 정글에서 구글(Google)은 소용이 없다-구글맵조차 필요가 없다(정글에 있는 나무들의 차이를 배우는 편이 낫다). 3년이란 시간이 천천히 흐르고 그녀는 이전 생활이 그다지 나쁘지 않았다는 사실을 깨닫게 된다. 그러나 명백한 문제는 드러난다: 기술이 너무 발달되어 있고 새로운 네트워킹 사이트가 생겨나고, 모든 사람들의 휴대폰 번호도 바뀌어 있고 문자 메시지의 대화법도 예전과 같지 않고, 60000통의 이메일이 그녀의 메일함에 있다.

이 다섯 시나리오의 차이는 무엇일까? 답: 네 편(시나리오1-4)의 시나리오는 있을법한 이야기이지만 다섯 번째(시나리오5)는 실제 이야기라고 믿기가 어렵다는 것이다.

진실은 '그 모든 것(미디어)으로부터 벗어나는 것'이 점점 더 불가능하다는 것이다-미디어는 모든 기술의 형태로 21세기 삶에 전 세계적으로 유사한 무언가를 제공한다. 물론 인공위성과 케이블이 닿지 않는 지구상의 많은 장소들이 있지만 그 곳에는 인간도 거주하지 않는다. 그러나 인구가 밀집되어 있는 세계 대다수의 지역은 같은 미디어와 커뮤니케이션 기술에 대한 접근이 용이하고 그와 같은 미디어와 커뮤니케이션 기술에 의해 접근이 가능하다. 전파 신호의 왜곡이 가능했던 냉전시대와 비교할 때, 오늘날은 자유로운 디지털 미디어 시대이다. 이러한 전세계적인 미디어 시대로의 도입으로 인해 다섯번째 시나리오는 믿기 힘든 것이다. 사람들은 어디를 가든 미디어 기술을 이용할 수 있고 연계가 되어있다. 상당기간 동안 미디어로부터 떨어져 있을 수 있는 사람은 드물다. 사실 다른 사람들과 미디어로부터 단절되는 사람은 보통 이상하거나 죽은 사람으로 여겨졌다. 정보와 통신에 대한 욕구는 현대 삶의 풍요로운 태페스트리의 일부가 되었고 미디어로부터의 금단현상은 현대사회의 고질병이 되었다.

그래서 미디어가 중요하다. 정치인, 언론인, 광고종사자, 유명인, PR 에이전시, 미디어 트레이너, 스포츠맨, 대변인, 대기업, 은행, 증권시장, 종교단체 뿐만 아니라 우리 모두(우리 애완동물을 포함해서)에게 미디어는 중요하다. 간단히 말해서, 그러므로 미디어 연구 또한 중요하다 (그리고 당신이 시나리오 1에 등장하는 소년이 나인지 궁금해 할 경우에도).

목차

I 미디어 연구가 중요하다

1

미디어 연구가 중요하다

당신은 '신문에서 읽은 것을 믿지마라', '미디어 탓이다,' '언론인은 사실을 과장한다', '팝 음악은 모두 만들어진 것이다'. 'TV는 당신을 멍청이로 만든다'와 같은 말들을 얼마나 많이 들어보았는가? 미디어에 관한 이와 같은 말들이 갖는 부정적인 의미 뿐만 아니라 공통적인 견해는 미디어는 획일적이고 모두 같다는 것이다. 미디어가 이것을 한다. 미디어가 저것을 한다, 그리고 미디어에서 일하는 모든 사람은 같은 목표, 같은 정치 신념을 갖고 있으며 같은 헤어스타일을 하고 같은 차를 타고 식습관도 동일하다는 것이다. 그러나 우리는 확실히 미디어가 하나의 개체가 아니라는 것을 알고 있다. 그리고 미디어를 공부하는 학생들은 다양한 미디어 산업, 관행, 제품, 청중들의 복잡한 관계에 관해서는 누구보다도 더 잘 알 것이다. 그러나 거대하고 나쁜 미디어는 이상하게도 신비감을 갖고 있다. 우리는 미디어를 말할 때, '정부', '교회', '왕국', '법'과 다른 거대 기관들에 대해 얘기하듯이 미디어를 논한다.

왜 미디어가 미디어인지 설명하기는 어렵다(한 단계 더 나아가서 'THE MEDIA'). 결국, 미디어는 더 이전보다 세분화되어있고 다양하다. 몇 개의 TV채널, 라디오 방송국, 영화 스튜디오, 팝과 락 프로듀서, 유선 전화망만이 존재하던 시대는 지나갔다. 미디어를 소유하고 통제하는 것이 소수의 손에 달려있기는 하지만 오늘날 미디어를 생산하고 소비하는 주체는 상당히 다양하다. 탤런트쇼, 달콤한 선율, 로맨틱 코미디, 태블로이드와 같은 주류 이야기는 결코 없어지지 않았지만 새로운 디지털 기술과 산업덕택에 대안적이고 틈새시장을 공약하는 프로그램들도 풍부하게 제공되고 있다. 더군다나 뉴미디어는 탤런트쇼과 같은 옛 프로그램에 터보가 장착된 광고(hype)를 신선하게 주사한다. Susan Boyle, YouTube, Simon Cowell과 수백만 달러의 미디어 사업을 합하면 우리는 무엇을 얻을 수 있을까?

영국의 미디어

예를 들어 영국의 미디어를 생각해보자. 미디어(the media)라고 부르는 것은 사실상 다음을 포함하는 전체의 매체(medium)에 해당된다.

- 5개의 국가에서 무료로 송신하는 지상파 TV채널
- 수십개의 디지털 TV채널(케이블과 인공위성에 의해 제공되는)-영국 방송사(BBC)만 해도 BBC One and BBC Two에 덧붙여 여섯 개의 디지털 네트워크를 소유하고 있음-그리고 멀티채널이 있는 TV를 보유하고 있는 2000만 이상의 가정
- 8개의 BBC 라디오 방송국과 3개의 전국 상업 라디오 방송국
- 40개의 BBC와 약 200개의 지역 상업 라디오 방송국 (청취자가 4500만명에 달함)

- 1,000개의 신문(12개의 일간신문과 14개의 일요신문(보통크기의 신문과 태블로이드 포맷 포함), 수백 개의 지역 타이틀을 포함)
- 모든 취향과 흥미에 부응하는 셀 수없이 많은 소비자 잡지(연간 10억 부 이상 판매)
- BBC와 채널 4와 같은 콘텐트 제공업체로부터 코미션을 받는 수백개의 독립적인 TV와 영화 제작사
- EMI(더이상 영국 소유가 아니지만)와 EMI의 음악 레이블, 다양한 독립 음반 제작사
- 모든 분야를 상대로 하는 광고와 PR관련 회사(광고에만 연간 약 200억파운드 소비)
- 물론 (가늠할 수 없을 정도로 많은) 웹과 네트워크가 갖추어진 1500만 가정, 플래그쉽 컨버전스(flagship convergence)기술을 보유하고 있는 BBC iplayer

포괄적인 영국의 미디어 리스트를 취합하려는 노력은 소용이 없다(영국이 디지털 미디어 시대로 접어들어서)- 전 세계 미디어를 차트로 만든다는 것을 상상해 보라! 아마도 미디어를 분류하는 가장 효과적인 방법은 미디어를 유형별로 분류하는 것이다.

7개 유형의 미디어

1. 선전 미디어(Propaganda media): 이 유형은 개인이나 그룹 특히 정부에 의해 통제된다. 중국 미디어는 국가가 소유하고 통제한다. 모든 내용(TV, 영화, 신문등)은 사전에 녹음되고 검열을 거쳐서 대중에게 공개된다. 더 나아가 외부 미디어에 의해 바람직하지 않은 내용은 차단되거나 편집되어서 민감한 정보가 새지 않도록 방지한다. 선동가는 '대중의 이익'이라는 원리를 이용해서 자신들을 방어하고 대중의

이익을 항상 염두해 둔다. 그러나 이와 같은 미디어가 갖고 있는 문제는 대중을 선동하는 것이 아니라 독재하고자 하는 데 목적을 두고 있다는 것이다. 대중들은 그들의 눈을 가리는 미디어를 원하지는 않는다. 1980년대 후반에 독재 공산 정권을 전복시킨 루마니아나 전 체코슬로바키아 국민들에게 물어보아라. 대부분의 민주국가는 선전 미디어를 피한다. 그러나 일정 부분 국가가 미디어를 소유하거나 간섭하는 것은 말레지아, 태국 러시아 심지어 프랑스를 포함한 많은 국가에서 일반적이다.

2. 공공 서비스 미디어(public service media): 이 유형의 미디어는 국가가 소유하거나 선동하려는 목적은 아니지만 운영을 위해서 종종 정부의 승인이 필요할 수 있다. 공공 서비스 미디어는 사유 미디어처럼 상당한 수준의 독립과 자유를 즐기지만 언제나 대중과 정치인에 대해 책임을 져야한다. 이 유형의 미디어는 폭넓은 대중들의 다양한 취향과 의견에 부합하는 다양한 내용을 방송해야 한다. 가장 유명한 공공 서비스 방송사는 BBC이다. 대부분의 기금은 시청자들이 매년 납부하는 시청료에서 나온다(영국 정부는 약 10년마다 BBC 라이센스 요금을 검토한다- BBC와의 라이센스를 거절한 정부는 없었지만 라이센스 비용에 관한 협약은 BBC가 요구하는 것처럼 자주 이루어지지는 않는다). 상업적인 이익은 엄격히 금지되고 이윤 창출이 주요한 목표는 아니다(해외 시장에 BBC프로그램을 판매하는 BBC Worldwide를 제외하고).

3. 광고 미디어(Advertising media): 상업 혹은 기업 미디어로 알려져 있는데 이러한 유형은 서양에서 가장 일반적인 형태이다. 1920년대에 상업방송의 미국 모델이 시작되었다. 미국의 광고 미디어는 전

세계적으로 수출되고 복제되었다. 광고 미디어는 미디어가 광고에 의한 수입으로 운영되는 것을 의미한다(광고 자체가 비교적 중요하지 않은 것은 아니다). 일반적인 일간 신문은 한 부당 1파운드가 채 되지 못하지만, 실제 판매수익 외에 광고 수입으로 얻는 막대한 이윤이 없다면 일간신문 1부의 가격은 더 비쌀 것이다. 그래서 광고 미디어에 있어 광고는 그 자체만으로 충분한 작용을 한다. 신문은 광고주들과 독자에게 끊임없이 자신을 판매한다. 상업 TV와 라디오 또한 광고주들과 독자들의 관심을 끌어야 한다-가장 많이 소비하는 층을 주 타겟으로 한다. 팝 뮤직 비디오는 팝 스타들과 음반을 위한 광고이다(음악과 비디오 모음집인 DVD는 말할 것도 없이). 광고 미디어는 대중이 원하는 것, 즉 광고주가 대중에게 원하도록 자극하는 것을 더 정확하게 제공함으로서 대중의 흥미와 관심에 부합하는 것이다.

4. 컬트 미디어(Cult media): 광고 미디어가 지금 여기'here and now'에 의한 것이라면 컬트 미디어는 상업적인 밴드웨건(bandwagon)으로부터 떨어져 나온 단계이다. 이것은 컬트 미디어가 상업적이지 않다는 말이 아니다-그렇게 말한다면 진실이 아닐 것이다-그러나 컬트 미디어는 그들을 별볼일 없는 것으로부터 차별화시키는 가치와 특성을 갖고 있다. 사실 컬트 미디어는 이전에 다른 미디어 유형에 속했을지 모르지만 지금은 고전(classics)의 위치를 차지하고 천재의 획기적인 업적을 이루었다. 어떤 영화는 상징적인 특성을 갖고 있다; 어떤 앨범은 보통 걸작으로 인정 받는다; 어떤 TV 드라마나 시트콤은 끊임없이 반복된다. 컬트 미디어는 문화적이고 고전적이고 전형적이며, 지금까지 말해지고 행해진 것 중 최선이다. 컬트 미디어는 역사상 특별한 순간에는 국가적이거나 공통된 문화와 연관을 갖는다. 엘비스 프레슬리는 1950년대의 미국의 십대 정신을 포착

했다. Citizen Kane(1941)은 그 당시의 권력투쟁을 반영하고 Monty Python's Flying Circus(1969-74)는 빠르게 변화하는 시대에 가장 터무니 없는 코미디를 보여준다. 컬트 미디어가 미디어에 미치는 영향에 주목 할 필요가 있다-컬트미디어는 지금 생겨나고 있는 스타일, 사운드, 장르, 전통에 있어 유행을 선도한다. 컬트 미디어는 선구자적이어서 많은 미디어들이 컬트 미디어를 모방할 것이다.

5. 대안 미디어(Alternative Media): 컬트나 광고 미디어와는 달리, 대안 미디어 유형은 전반적으로 이윤을 창출하는 것에 중점을 두지 않는다. 대안 미디어는 주류 미디어를 통해 충분히 보도되지 않는 특별한 경우를 보도하기 위해 존재한다. '지하', '하위', 'DIY'와 같은 용어가 대안 미디어 유형을 나타내는 것이다. 사실 대안 미디어는 추진하고자 하는 아젠다와 정치적 목적을 갖고 있다는 점에서 선전미디어와 공통점이 있다. 그러나 실제 선전미디어는 권력층에 의해 작용되지만 대안 미디어를 운영하는 사람들은 권력이 없는 사람들이라는 점에서 차이가 난다(그러나 소수의 관심을 조정하는데 있어서 그들은 더 많은 권력과 대중성을 확보하고자 할 것이다). 합의에 도전함으로서 대안 미디어는 다양한 문화와 인종에 영향을 미친다. 하지만 중류층의 백인 중년들이 제일 영향을 적게 받을 것이다. 대안 미디어는 가난한 사람들, 에이즈(AIDS)에 걸린 사람들, 실업자들, 녹색정당과 같은 소수정당 지지자들, 여성 운동가와 일반적인 관행을 따르지 않는 사람들의 이익을 대변한다. 그러나 환영을 받지 못하는 대안 미디어 형태도 있다(e.g. 미성년자 포르노그라피 사이트와 가짜 자선단체). 때때로, 지하에서 운영하는 미디어가 지상으로 진출해서 대세가 되기도 한다. 그러면 두 가지 결과가 가능하다: 대안 미디어 제작사가 큰 광고회사에 팔리거나(이런 경우에는 대안 미디어는 다른 사람의 광고

미디어가 된다), 주류의 이익으로부터 자신들의 자산을 보호하려고 절실하게 노력을 한다. 그리고 대안 미디어 제작사들이 그들의 자산을 보호하는데 성공하면 그 대안 미디어는 일거양득으로 컬트 미디어 위치에 도달하게 된다.

6. 사회 미디어(Social media): 이와 같은 유형은 개인의 미디어는 결코 아니지만 공적인 성격을 제일 적게 갖고 있다. (대안 미디어로부터 중요한 영향을 받아서) 전보와 전화와 같은 전통적인 형태들은 쌍방향 커뮤니케이션을 제공하기 때문에 다른 유형의 미디어와 같지 않다. 그러나 인터넷과 휴대폰이 그것을 바꾸어놓았다. 오늘날의 사회 미디어는 가장 인기 있는 유형이다. SNS, 메시지 보드, 블로그와 사용자가 만든 컨텐츠(UGC)를 공유할 수 있는 다른 장들은 세계의 다양한 지역, 다양한 배경의 사람들의 커뮤니케이션을 용이하게 해 주었다. 자신의 개인 미디어 영역 안에서 온라인 친구와 아는 사람들과 의사소통을 할 수 있는데 왜 TV를 보겠는가? 최근 몇 년간에 생겨난 사회 미디어의 변화는 가히 놀랄만하다. 그러나 미디어 의사소통에서 디지털 혁명에 관한 이야기는 다소 과장된 부분이 있을 수 있다. 사회 미디어는 우리가 인터넷 이전시대에 상상했던 것보다 훨씬 더 대규모로 그리고 공적인 규모로 사람들 간의 연결을 가능하게 하였지만 이윤 추구에만 급급한 광고 미디어 업체들의 횡포 또한 함께 늘어갔다. 우리 웹상에서의 모든 활동은 데이터베이스 마켓팅 아젠다의 이익을 위해 기록된다. 우리가 사는 책, 먹는 음식, 직업, 방문하는 장소, 자동차, 사는 지역, 웹상에 올리는 비디오와 블로그, 이 모든 개인 정보와 더 많은 것들이 기업의 이익과 연관이 있다. 사회 미디어의 환상적인 상호 작용으로 인해 우리는 소통의 기회를 얻음과 동시에 위협을 받기도 하는 것이다.

7. 심령 미디어(Psychic media): 투시력, 텔레파시, 영적 매체, 점, 심령술등. 이 마지막 유형은 우리가 오늘날 미디어에서 함께 하는 그런 종류는 아니다. 그러나 심령 미디어는 악에 관한 공포에 뿌리를 두고 있고 인간 행동에 나쁜 영향을 미친다. 비디오 게임은 우리를 폭력적이고 비이성적인 행동에 빠지게 하고; 'weepies'영화는 우리를 무기력하게 울게 만들며; 여행 쇼는 우리를 한 이국적인 곳에서 다른 곳으로 대리 경험을 하게 해 주며; 음악은 이상하게 감정적이고 최면적인 영향을 미친다. 모든 종류의 미디어 기술은 미디어를 접하는 사람들이 수준이 높은 사람들이라고 하더라도 그들을 최면에 빠지게 한다. 광범위한 거리를 넘어서 메시지를 전달하는 행동은 이상하게 심리적인 특성을 갖고 있다. 미디어 유명인사들이 사람들의 정체성에 미친 영향 또한 심리적인 용어로 설명될 수 있다. 유명인사들은 우리에게 노래부르는 법, 연기하는 법, 돈을 소비하는 법등에 관한 롤 모델을 제시한다. 우리는 우리자신을 그들에게 투사해서 그들의 풍요로움을 동경하게 된다. 유명인사들은 오늘날의 성스러운 예언자들이며 그들이 하는 말, 노래, 행동들은 오늘날의 설교, 찬송가이며 우화이다. 사실 미디어 전체 역사가 정신, 심령적인 울림이나 배경과 연관이 있다. 영화, 라디오, TV와 같은 기술이 처음으로 사람들의 삶에 들어왔을 때 마법적이고 신비스러운 힘을 갖게 되었으며 사람들은 그들이 듣고 목격한 모든 것을 찬송가로 여기게 되었다. 그래서 심령 미디어는 미디어 연구의 전체 역사와 역시 연관이 깊다고 할 수 있다.

미디어 연구의 간략 역사

적절한 미디어 연구는 약 1세기 전에 시작되었다. 19세기 후반과 20세기 초반에 대량 유포되는 신문과 광고가 성장하였고 인기 있는 영화와 레코드 뮤직(축음기)이 시작되었으며 라디오와 전화가 발명되었다. 동시에 미국과 캐나다에 근간을 둔 대학은 대량 생산되고 대량 유통되며 대량 소비되는 미디어의 정치, 심리, 사회적인 결과에 대해 연구하기 시작했다. 그러나 미국 연구자들은 이 주제를 정의하기 위해서 '미디어' 연구라는 용어가 아니라 '커뮤니케이션'이라는 용어를 사용했다. '커뮤니케이션'은 조정 가능하고 사람과 사람사이의 다양성을 받아들인다. 사회학자들은 미디어가 사람들의 삶, 커뮤니티, 대화, 세계와의 관계와 태도에 어떤 영향을 미치고 있는지를 알기를 원한다.

매스 커뮤니케이션 연구는 두 전쟁을 통해 빠르게 성장했다. 1940년대 이전에는 미디어가 학문적이고 공적인 의견을 형성하는 데 중요한 역할을 하였으며 정치 및 종교와 같은 중요한 문제에 대한 사람들의 신념에 영향을 미치고 변화를 줄 수 있었다. 1930년대 나찌 독일에서 미디어 선동의 엄청난 힘은 이 미디어의 영향력을 잘 보여준 것 같다. 그러나 20세기 중반에, 학문의 새로운 세대는 미디어에 대한 기존 가정에 도전장을 내밀며 미디어는 그 영향력에서 제한적이고 상호간의 커뮤니케이션이 의견을 형성하는데 더 중요하다고 주장했다. TV를 잊어버려라-선생님과 부모는 여전히 영향력이 있는 실제 주체이다. 더 최근에는 온건한 미디어 효과에 관한 만족스러운 의견 일치가 있었다-미디어는 영향을 미치지만 그 영향력이 과장되어서는 안된다는 것이다. 북미 커뮤니케이션 연구에 관한 전통은 인터넷이 미치는 영향이 많은 관심을 받은 덕분에 다시 탄생하였다. 인터넷 이전 매체인 TV와 라디오처럼 인터넷에 관한 학문 또한 두 가지로 나뉘었다. 인터넷이 사회 변화를 주도하는 강력한 도구라고 생각하는 부류와 단지 정보와 오락적인 부분을 혼합한 것으로 취급하는 부류로 나뉘었다.

영국과 유럽에서의 미디어 연구는 북미 지역과는 아주 상이한 역사를 가졌다. 커뮤니케이션과 사회과학대신에 유럽 미디어 연구는 인문학에 흡수되었다-특히 대중문화와 문학에 흡수되었다. 미디어의 실증적인 연구(서베이, 실험, 인터뷰등)가 북미지역에서 행해진 반면, 유럽 지식인들은 시, 소설, 연극, 클래식 음악등을 연구하는 방법으로 미디어를 이론화하고 검열하였다. '문화연구'의 등장은 칼 막스와 프로이드가 선도하는 비판연구에 근간을 둔 영국의 학문적 전통과 연관이 있다. 미디어 연구와 문화 연구는 영국에서 생겨난 이래로 구분하기가 쉽지 않았다. 그리고 지난 50년간 북미 커뮤니케이션 연구와 유럽의 문화 연구 전통은 서로에게 점차 학문적으로 영향을 미쳐왔다.

1960년대와 1970년대에 처음 강좌가 개설된 이래 미디어 연구는 대학에서 교과목으로 가르쳐지기 시작하면서 중요성과 인기가 점점 커져갔다. 때때로 쇠락할 경우도 있었지만 1980년대, 1990년대와 2010년까지 미디어 연구는 빠르게 성장하였다. 미디어 종사자들이 학문적인 자격을 갖추는 것이 점차 일반적이 되었다. 그러나 학계와 다른 전공 선생님들을 포함한 비평가들이 미디어 연구를 '쉬운 과목', 'Mickey Mouse 코스'. '값싼 학위', '실업에 이르는 지름길'이라고 칭하고 있듯이 (몇몇 다른 학문 주제와 함께) 미디어 연구에 있어 단점은 여전히 존재한다. '실업에 이르는 지름길'이라는 표현은 사실이 아니다-미디어 연구는 우수한 취업 실적을 갖고 있으며 다른 부분 또한 논쟁의 여지가 있다. 수학과 물리가 어려운 과목이라는 것이 사실이지만 문학, 역사, 심리학등과 같은 인문학과 사회과학에 기초한 과목보다 미디어 연구가 더 쉬운 과목이라는 것에 대한 교육학적인 이유는 없다.

현재 미디어 연구는 사회 미디어의 변화무쌍한 지평에 확고히 자리 잡고 있다. 사실 인터넷 연구는 지금 거의 독자적인 학문분야가 되었다. 이것은 포괄적인 명칭보다는 미디어 연구를 텔레비전 연구, 라디오 연구, 저널리즘 연구등으로 구분 짓는 최근 경향에서 비롯된 것이다. 그러나 미디어 연구는 이 모든 새로 명명된 부분을 통합한 연구이기도 하다(그러나 영화 연구는 이론과 방법론적인 면에서 차이가 있어서 언제나 미디어 연구와 구분되어왔다). 그리고 우리 모두가 궁극적으로 혼합된 멀티미디어 환경에서 살아가기 때문에 여전히 여러 미디어 전체를 연구하는 것이 많은 장점이 있다.

명칭을 변경하는 것보다 미디어 연구에 있어 가장 중요한 문제는 미디어 이론과 미디어 실제를 잘 통합하는 것이다. 최근까지 두 요소는 결코 통합되지 않았다. 그러나 학문적인 미디어 담화를 실제 세계에 적절하게 적용하고자 하는 요구와 미디어 윤리 강령에 이어, 저널리즘에서 제도화된 전문의식이 필요하다는 사실과 (Nick Davies 2008 'Flat Earth News' 참조) 현재 미디어의 왜곡과 거짓을 밝히는 것은 미디어 이론과 미디어 실제의 분리가 끝이 나고 있다는 것을 의미한다. 모든 위대한 전문가들(의사, 변호사, 교사, 엔지니어, 회계사, 건축가등)은 그들의 직업을 수행하기 위해서 이론이 필요하다. 당신은 심지어 차를 운전하기 위해서도 이론이 필요하다. 그리고 기자는 이론적인 강인함과 책임에 면역이 생겨서는 안된다. 또한 최선의 이론과 실제를 통합하는 것은 미디어 연구가 이론적, 실제적, 정책적, 정치적, 경제적, 사회적, 문화적, 지리적, 심리학적, 법적, 윤리적, 도덕적, 논리적, 상식적인 면에서 왜 중요한지 그 이유를 보여준다. 이 미디어 연구 가이드 북은 이론가와 실증가 둘 다를 설득하고자 하는 바램으로 이론가와 실증가들을 넘어서 가장 폭넓은 고려를 할 것이다.

II 매체는 메시지이다

2

매체는 메시지이다

'매체는 메시지이다'라는 말은 미디어 연구의 역사에서 가장 유명한 문구이다. 그리고 그렇게 말한 사람, 캐나다 철학자 Marshall McLuhan은 지금까지 생존한 가장 유명한 미디어 연구자이다. 그의 명성이 최고조일 때 토크쇼, play boy 잡지와 Woody Allen이 극찬한 영화 Annie Hall(1977)에 카메오로 출연하였다. 그는 어떻게 명성을 얻게 되었는가? McLuhan은 인류의 역사를 형성하는 데 있어 미디어의 역할을 진지하게 고려한 최초의 지식인이었다. McLuhan의 미디어 이론에 따르면 고도의 현대 사회는 다양한 미디어 기술에 의해 형성된다. 미디어가 사회에 강력한 영향을 미친다. 더군다나 이런 효과는 우리 모두가 느낀다. 거의 우리 자신의 이익을 위해서 느껴진다. 미디어는 우리 자신, 우리 인간의 감각과 능력을 확장하게 한다. 예를 들어 휴대폰은 사람들과 의사소통 할 수 있는 능력과 듣는 감각을 기술로서 확장해서 우리가 갖고 있는 환경을 뛰어넘는다. 중요한 것은 미디어 기술의 내용이나 특성이 아니라 미디어 기술 그 자체이다. 미디어가 우리에게 행하거나 말하는 것을 우리가 분석하기 전에, McLuhan은 미디어가 어떻게 우리에게 메시지를 전달하는지를 알아야 한다고 주장한다.

예를 들어 인터넷을 생각해 보자. 우리가 Facebook 프로파일을 업데이트하는지, Skype를 통해 서로서로 이야기 하는지, 우리가 전자우편함을 확인하는지가 중요한 것이 아니라 중요한 것은 그 메시지를 전달하는 매체이다. 왜냐하면 Mcluhan이 Understanding Media (1964)[1)]에서 언급한 바와 같이, 매체나 기술의 메시지는 매체가 우리에게 소개하는 메시지의 규모, 속도, 패턴의 변화이다. 다시 말해서, 매체에 담겨있는 가장 중요한 메시지는 매체가 삶에 어떤 영향을 미치는 가이다. 인터넷은 광범위한 지역에서 www로 불리는 엄청난 페이지의 시청각 자료에 접근 할 수 있는 전자 매체이다. 웹이 포함하고 있는 메세지는 인터넷이 새로운 미디어와 '디지털 경제'라고 불리우는 IT산업의 성장을 통해서 무역과 고용 뿐만 아니라 레저, 국내 삶과 교육을 바꿔 놓을 정도의 거대한 계획과 비교해 볼 때 중요한 부분이 아니다.

뜨거운/차가운 미디어

McLuhan에 따르면 우리의 삶을 형성하고 우리 인간의 능력을 확장하는 미디어 기술은 두 가지 형태로 적용된다: 뜨거운 미디어와 차가운 미디어. 뜨거운 미디어는 정보가 풍부해서 우리의 시각과 청각이 많은 일을 할 필요가 없다. 반대로, 차가운 미디어는 정보가 부족해서 메시지를 수용하기 위해 우리의 감각은 더 열심히 일을 해야 한다. 그래서 사진이 만화보다 더 뜨거운 미디어에 속하고 CD가 비닐

레코드보다 더 뜨거운 미디어이고 고성능 TV(HDTV)가 보통 TV보다 더 뜨겁다. 대체로 극장 화면으로 보여준 영화는 장편영화 제작과 선시에 사용되는 고성능 셀룰로이드 디지털 프로젝션 기술 때문에 TV쇼 보다 더 뜨거운 미디어라고 할 수 있다.

미디어 기술에서 다른 온도 차이는 우리가 어떻게 미디어 기술을 이용하고 배우는지를 결정한다. 뜨거운 미디어는 사용자에 친근하지만 쉽게 잊혀지고 쉽게 버려지기도 한다. 그 반면 차가운 미디어는 더 높은 수준의 감각적인 참여, 집중, 읽기 기술을 필요로 하기 때문에 학습을 장려한다. Mcluhan의 뜨거운 미디어와 차가운 미디어에 관한 논쟁이 재미있지만 우리가 감각적인 인식 뿐만 아니라 속도에 있어서 정보의 편의성을 논한다면, 뜨거운 미디어와 차가운 미디어 논쟁이 명확한 예를 제시하지는 않는다. 예를 들어, 인터넷이 어떤 면에서 TV보다 더 높은 수준의 감각적인 참여(컴퓨터, 읽기 기술 포함)를 필요로 하지만 또 다른 면, 정보의 속도 측면에서는 이용자들의 힘이 적게 든다. 내가 뉴스 헤드라인을 보기를 원한다면 인터넷은 시간 측면에서는 크게 신경을 쓰지 않아도 되지만 TV 뉴스 헤드라인은 시간 간격을 두고 방영하므로 (보통 뉴스 채널에서 15분마다 방영) 더 많이 신경을 써야 한다. 그래서 인터넷이 어떤 면에서는 더 차가운 매체이고 또 다른 면에서는 뜨거운 매체이다. 그러나 McLuhan은 기본적으로 우리가 전 세계에 대해서 어떻게 인식하고 배우는지를 결정하는데 있어 미디어 '열기(heat)'의 근본적인 중요성에 대해 설득력 있는 경우를 제시한 것이다.

재부족화 시대(The Age of Retribalization)

'매체가 메시지이다'라는 말은 오늘날의 미디어에 대한 언급일 뿐만 아니라 미디어가 역사와 문명을 조정하는 이상의 역할을 해왔다고 McLuhan은 제안한다. McLuhan은 다음과 같은 세 시대를 제시한다:

1. '부족'시대(1500년 이전)는 의사소통의 주요 매개로서 입말에 의존했다. 그 입말은 말과 노래의 형태로 입증된다.
2. '탈부족'시대(1500년-1900년)에는 기계 미디어 특히 인쇄 형태가 등장하고 지배적이었다.
3. '재부족'시대(1900년 후)에는 TV와 라디오와 같은 전기 미디어가 지배적이었다.

부족 생활에서 탈 부족 생활로의 전환은 15세기 중반에 구텐베르그에 의한 인쇄술의 발명과 함께 시작한다. 인쇄술 이전 유럽 중세 교회는 쓰기에 느리고 값이 비싼 육필 원고형태로 종교적인 의사소통을 통제했다. 1453년에 인쇄된 첫 번째 형태의 성경은 나중에 구텐베르크 바이블(성경)로 알려졌는데 교회의 힘을 효과적으로 분산시켰다. 인쇄술과 신문 기술이 이전보다 더 폭넓게 성경을 전파시켰다. 그래서 인쇄 미디어의 성장은 구어 커뮤니케이션의 부족적인 모델에 덜 의존하게 되었다. 이제 사람들은 읽고 쓰는 것을 배울 수 있었다. 그래서 처음으로 기독교 교리가 수천 명의 보통 사람들에 의해 쓰여졌다. 탈부족화의 힘이 작동했다-인쇄 미디어는 부족을 해산시키고 삶과 배움의 더 개인화되고 독립적인 양식을 구축했다.

그러나 20세기가 되자 미디어 커뮤니케이션의 전기시대와 함께 재부족화의 새로운 시대가 열렸다. 전화, TV, 인터넷과 같은 기술은 사람들을 더 가까이 모아서 세계를 축소시켰다. 이것은 Mcluhan이 만든 잘 알려진 문구 뒤에 영감이 있다: '지구촌'. 우리는 더 이상 문자 그대로의 부족사회에 살고 있는 것이 아니라 은유적인 의미에서 전자 미디어가 우리의 지평을 확장시켜서 우리는 전세계 사람들과 가까이 살고 있다고 느끼게 된다. 인터넷 의사소통은 재부족화와 지구촌에 대한 Mcluhan의 생각을 나타낸다. 예를 들어, eBay는 McLuhan식의 웹사이트이다-세계 온라인 시장-30개 이상의 다른 나라에서 살고 있는 구매자와 판매자들의 가상 커뮤니티이다. 이와 같이 MySpace, Flicker, Twitter는 공유된 취향과 이익을 위해 모인 지구촌의 사용자들을 닮는다. 그리고 Google Maps는 Amarillo에서 Zurich까지 거리의 삶을 보여준다.

기계 재생산의 시대

McLuhan 이전에 독일 문학 비평가 Walter Benjamin은 '기계적인 재생산 시대의 예술 작품'(1936)이라는 고전적인 에세이에서 미디어 기술의 혁명적인 특성을 제안했다. Benjamin은 기계적인 기술, 특히 사진과 영화가 어떻게 예술의 전반적인 성격을 변형했는지 살펴 보았다. 이 변형의 중요한 부분은 재생산성이었다. 예술의 기계적인 재생산은 예를 들어, 예술작품을 소장하거나 예술작품 전시회를 방문할 경제적인 여유가 있는 사람들 뿐만 아니라 복제 형태로 (즉, 사진이나 영화의 형태) 위대한 그림을 수백만의 보통 사람들이 볼 수 있다는 것을 의미한다. 그러나 재생산은 대가가 따른다. 재생산된 예술은 원작의 '아우라', 즉 진품만이 지니는 신비감을 나타내는 원작만의 독특한 특성이 결여되어 있다. 원작이 대량으로 재생산될 때 아우라는 줄어든다.

Benjamin에 따르면 원작에 '아우라'를 부여하는 것은 '의식적인 기능'이다. 예를 들어, 위대한 그림은 화랑의 의식적인 문맥에서 경험되는 것이다; 클래식 음악은 연주회에서 들려지는 것이다. 대조적으로 영화라는 매체를 이용해서 분배되는 재생산된 예술은 일상적인 의식에서 자유로와지고 전시 기능을 하고 소수가 아닌 다수의 관심을 끈다. 예를 들어 베토벤 교향곡 5번은 TV에서 들려질 때 더 이상 연주회의 의식과 관련이 없다. Benjamin은 대중 미디어 분배를 통한 순수 예술과 문화의 해방이 민주주의와 진보적인 정치를 위한 긍정적인 힘을 제공했다고 주장한다.

유명한 독일 극작가이고 Benjamin의 친구인 Bertolt Brecht는 정치적인 목적을 위해 영화를 제작하고 감독하였다. 재생산성의 잠재력에 대한 Benjamin의 생각에 영향을 받은 Brecht는 예술, 특히 연극과 영화의 정치적인 목적에 대한 자신만의 이론을 발전시켰다. 새로운 기술로 무장한 Brecht는 청중이 연극과 영화에 반응하는 방법을 변화시키길 원했다. 소외에 대한 그의 이론은 청중이 어떻게 그들이 보고 있는 것, 즉 연극과 영화에 적극적으로 연루되어야 하는지; 청중이 논란이 되는 주제에 대해 어떻게 편을 들고 의견을 제시해야 하는지; 그리고 등장인물이나 역경에 대해 공감과 반감을 표현해서는 왜 안 되는지를 보여주었다. 물론 Brecht는 연마할 정치적인 도끼를 가지고 있었다-그가 Benjamin과 공유한 마르크스주의는 The Threepenny Opera(1928), Mother Courage and Her Children(1939)과 같은 작품에서 쉽게 볼 수 있다-그러나 소외를 통해서 그는 청중으로부터의 지적인 무심함, 거리감을 장려해서 그들 자신만의 정치적인 판단을 할 수 있도록 하였다. 그러나 독일 나치 정부가 정치적인 목적을 위해서 예술과 사고를 재생산했을 때 나치 정부의 성장이 Brecht와 Benjamin의 야망을 억압하였다(Brecht는 미국으로 망명하였고 Benjamin은 망명 중에 죽었다).

기계적인 재생산에 대한 Benjamin의 견해는 영국의 예술 비평가 John Berger에 의해 계승되었다. Ways of Seeing(1972)에서 Berger는 오늘날의 넘쳐나는 광고 이미지와 18세기 유화의 시각적인 특성에 있어서 유사성을 찾는다. 그러나 혁명적인 요소로서가 아니라 Berger는 광고가 우리를 속이기 위해서 예술의 위대한 작품을 사진으로 재생산 한 것이라고 주장한다. 우리 소비자들을 위대한 예술을 소유한 특권층과 같은 진실성과 존경심을 갖고 대하는 것처럼 보이지만 사실 우리는 광고에 속아서 부유한 사업가들의 이익을 위해서 불필요한 제품을 사고 있는 것이다. Berger는 광고가 선택이라는 허상 뒤에 숨어서 사람들과 진지한 정치문제를 단절시킨다고 주장한다. 우리는 더 공정한 민주사회로 가는 길 보다 향수의 적절한 브랜드를 선택하는데 더 관심을 갖게 된다. 다시 말하면, 이것은 Benjamin의 '매체는 메시지다'라는 정치의 종말이다.

쇼비지니스의 시대

Amusing Ourselves to Death(1985)[2)]에서 미국의 미디어 이론가 Neil Postman은 McLuhan의 생각을 옹호하지만 Berger처럼 미디어 기술이 인간에 미친 영향에 대해서는 그리 낙관하지는 않는다. Postman이 인쇄 미디어에 의해 형성된 '설명의 시대(Age of Exposition)'의 황금기라 부르는 것과 대조적으로 (MacLuhan의 탈부족화시대와 유사하게) 1837년에 Samuel Morse가 미국에서 전기 전신을 발명함으로써 Postman이 '쇼 비즈니스의 시대(Age of Show Business)'라고 부르는 새 시대가 열렸다. 전신은 매체가 이전보다 더 넓은 지역에서 더 빠른 커뮤니케이션을 할 수 있도록 해주었다. Postman은 전신이 사회를 진보의 재부족화시대에 들어서게 했지만 그 반면 인쇄 매체에 의한 문자 문화를 침식했다고 주장한다. 책과 문자의 인쇄 미디어와 달리, 전신 메시지는 맥락과 세부사항이 부족하고 복잡한 질문에는 대답하지 못했고 종종 어떤 청중에게도 연설의 형태로 전달되지 못했으며 충분히 답변할 수도 없었다. Postman은 간략히 말해서 전신은 저급문화를 낳았다고 주장하고 있다.

Postman은 전신 뿐만 아니라 사진과 TV와 같은 시각 미디어를 무지하고 일률적인 반응을 부추긴다고 비난한다: '수많은 미국인들에게는 읽지 않고 보는 것이 믿는 것의 기본이 되었다.' 이미지와 소리 비트가 주류를 이루는 쇼비지니스의 시대가 더 문화적인 인쇄 시대를 약화시켰다. 우리는 아이들처럼 글을 읽는 즐거움보다는 시각적인 즐거움을 만끽하며 지성이 부족한 '까꿍놀이 세계'에 살고 있다. 동시에 아이들은 이전보다 더 빨리 어른으로 성장하고 있다. 책과 같은 인쇄 미디어의 지배는 아이들이 그들의 지적인 발달을 조율하기 위해 학교에서 교육받는 시기가 필요했으나 쇼 비즈니스의 시대는 아이와 어른 모두에게 접근가능하다. 이와 같은 현상은 Postman의 The Disappearance of Childhood(1982)라는 제목에서 설명되기도 한다. Postman의 독설의 주요 타겟은 TV이다. TV가 일상 생활에 영향을 끼쳐서 새로운 인식론을 만들어냈다. 인식론은 우리가 진실이라고 주장하는 사물을 어떻게 인지하느냐에 관한 학문이다. Postman은 TV는 우리에게 세계에 관한 지식을 제공할 뿐만 아니라 이런 세계를 아는 방법을 제공한다. TV의 인식론은 다른 무엇보다 중요한 요소, 즉 다른 어떤 감각보다 시각에 의해 정의된다. 그리고 청중은 유치한 오락거리를 제외하고 어떠한 것도 제공하지 않는 무작위의 일관성 없는 이미지의 나열을 경험한다(e.g.광고 시간). Postman은 TV가 '문화 사망'을 낳을까 두려워한다. Postman은 미국을 세계의 첫번째 테크노폴리로 선언한다; 전체 문화와 삶의 방식을 미디어, 정보, 커뮤니케이션 기술의 힘에 굴복시킬 첫번째 국가. 실로 위협적인 생각이다!

장소상실의 시대

Mcluhan에 의해 영향을 받은 또 다른 미디어 이론가는 미국의 Joshua Meyrowitz이다. No Sense of Place(1985)[3]에서 Meyrowitz는 미디어가 다른 물리적인 장소에서 일어나는 상이한 상황을 공유된 영역(모든 사람의 가정과 대중의 눈)으로 가져온다고 주장한다: '전화, 라디오, 텔레비전은 모든 사회 영역의 경계를 더 허물고 있다.' 이것은 인쇄 매체가 사회에 미치는 영향과 아주 상이하다. McLuhan과 한 목소리로 Meyrowitz는 책과 신문과 같은 인쇄 미디어는 역사적으로 사람들과 그들의 사회적인 지위를 연결지어왔다고 한다. 지식과 정보를 얻기 위해서 인쇄 미디어를 읽을 수 있는 개인들은 문맹인 사람들보다 훨씬 더 나은 지위를 가졌다. 더군다나 인쇄 미디어를 능숙하게 사용하는 사람들은 읽고 쓸 수 없는 사람들보다는 지적인 사람들과 관계를 형성하였다.

TV, 전화기, 라디오의 등장으로 Meyrowitz는 지식과 정보에 대한 접근이 읽고 쓸 수 있는 능력과 상관없이 모든 사람들에 의해 가능해졌다고 주장한다. 전자 미디어는 사회 경제적인 계층, 나이, 인종과 다른 차이를 효과적으로 허문다. 성적으로 전염되는 질병에 대한 TV광고를 보는 어린 아이의 현대 시나리오를 생각해 보라. 인쇄 미디어의 시대에는 그 아이는 이 '성인' 문제에 대해서 배우기 위해서는 적절한 책에 접근하고 읽을 수 있는 능력을 가졌어야 했다-그런 종류의 정보는 지금 보다 그때 훨씬 더 접근이 어려웠다. 그래서 인쇄 미디어는 교육 및 사회 경제적인 계층에 따라 사람들을 분리시켰고 전자미디어는 우리를 함께 통합시킨다. Meyrowitz에 따르면 중류층 가정과 빈민가에 살고 있는 사람들이 정보와 지식의 같은 사회망을 공유하고 있어서 그들의 물리적인 분리-서로 다른 지역에 살고 있다는 사실-는 중재된 '함께 함'과 비교했을 때 하찮게 된다. 이것이 Meyrowitz가 의미하는 '장소 상실(placelessness)'의 개념이다-사람들은 더 이상 물리적인 경계나 장소에 의해 정의되는 것이 아니라 정보와 지식의 네트워크에 의해 정의된다, 그리고 장소에 대한 감각이 없는 새로운 미디어 기술에 의해 영향을 받는다.

McLuhan의 '매체는 메시지이다'라는 견해와 함께 TV와 다른 전자 미디어가 어떻게 사회 불평등을 없애기 위한 사회와 정치 변화를 나타내는지를 보여준다. 아이들과 어른들, 남자와 여자, 부유한 사람들과 가난한 사람들, 리더와 추종자들은 더 이상 미디어에 의해 분리되지 않는다. Meyrowitz는 심지어 TV가 TV와 성장하는 첫 번째 세대의 진보적인 정치를 형성했다고 주장한다. 이 세대는 프랑스와 미국과 다른 나라에서 1968년의 급격한 학생 운동시기 동안 성장했다. 여성 운동과 시민 운동이 TV의 민주적인 효과에 의해 영향을 받았다. Meyrowitz의 논의에 기술과 사회적 배제의 지속적인 문제가 빠져있다는 비평가의 지적이 있었지만 Meyrowitz는 전자 미디어의 사회적인 혜택을 강하게 주장해왔다.

기술 결정주의

Mcluhan의 '매체가 메시지이다'라는 견해는 매력적인 문구임에도 불구하고 지속적인 비판을 받아왔고 지지자 만큼이나 많은 반대가 있었다. Television(1974)에서 영국의 문화 비평가 Raymond Williams는 McLuhan의 매체 이론 가운데 기술 결정주의에 문제를 제기했다. 기술 결정주의는 무분별한 발명가에 의해 현실 세계로 들어가기만 하면 기술이 우리의 삶에 스며들어 우리의 삶의 방식을 지시한다. 기술 결정주의의 가장 극단적인 버전은 Mary Shelley의 Frankenstein(1818), George Orwell의 Nineteen Eighty-Four(1949), Aldous Huxley의 Brave New World(1932)이다. William은 McLuhan이 우리의 감각을 확장시키고 사회 문제를 변화시킬 수 있는 미디어 기술의 혁명적인 힘에 대해 거만하게 말할 때, 비슷한 집착의 우를 범하고 있다고 William은 주장한다.

William은 각 시기에 발명된 기술이 어떻게 특별한 목적을 위해 예측되었는지를 살펴 본다. 더군다나 각 미디어 기술의 효과는 기술이 사용되기 오래 전에 예측되었으며 여기에 결정주의적 시나리오는 제외되었다. McLuhan이 기술이 가져온 결과에 초점을 맞추었다면 William은 그 결과를 가져온 원인에 대해 언급한다. 미디어 뿐만 아니라 모든 종류의 기술은 상업적, 정치적, 군사적 목적을 위해서 발전한다. 철도와 전신의 경우에 두 분야는 미국과 영국에서 모두 상업적인 이유로 발달했다. 원자재를 공장에 효과적으로 수송할 수 있게 함으로써 산업의 발달을 이끌었다. McLuhan은 또한 산업화에서 철도의 역할을 언급하지만 이 기술이 철도 매체의 내용 즉 화물과 독립적인 새로운 사회를 열었다고 주장하는 것은 잘못이다. 반대로 철도 매체는 산업 혁명을 위해서 철강, 섬유와 다른 필수 자재를 만들기 위해 불에 연료를 공급한 석탄, 즉 메시지를 포함했다.

철도가 미디어와 무슨 관계가 있는가? William은 커뮤니케이션의 전체 역사는 각기 다른 사회에서 같은 패턴을 따른다고 주장한다: 경제적인 수요에 의해 생긴 운송 커뮤니케이션이 먼저 발달하고 사회와 문화적인 수요에 따른 (정보와 오락 목적인) 미디어 커뮤니케이션이 그 다음이다. 이것은 왜 TV가 전화와 비교해서 느리게 발달했는지를 설명한다. 즉 전화가 무역과 통치를 위해 사용된 반면 TV는 분명한 경제적인 혜택을 입증하지 못했기 때문이다. 그래서 매체 이론과 달리 William은 인간의 필요와 의도에서 기술이 발달했다는 사실을 보여준다. 기술은 실험실로부터 독립적으로 등장하는 것도 아니고 인간의 욕구를 결정하지도 못한다. 예를 들어, TV는 특별한 순간에 시청각적인 내용에 대한 특별한 사회적 수요를 충족시켰다. 냉전에 대한 공포와 조직화된 레저의 쇠퇴가 1950년대와 1960년대에 TV가 일상으로 들어갈 수 있는 우호적인 조건을 마련해준 사회적 수요이다. 그러나 처음에는 소비자들이 TV를 많은 비용을 들여 덥석 사지는 않았다. 다른 기술처럼 TV가 가구의 일부로서 자리를 잡기전에 가정에서 설 자리를 찾아야만 했다.

III 미디어 효과

3

미디어 효과

사람들이 그들이 보고 읽거나 들은 것에 의해 영향을 받는다고 털어 놓을 것 같지는 않지만 미디어는 사람들이 어떻게 생각하고 느끼는지에 영향을 미치는 것 같았다. 미디어의 불건전한 효과에 대한 비난에 대해서, 미디어를 공급하는 사람들은 미디어가 그들이 원하는 것을 주고 공적인 이익에 부합하고 인기있는 취향을 맞추고 사회에 대한 거울 역할을 한다고 주장한다. 그러나 미디어가 단순히 사람들이 좋아하거나 싫어하는 것 혹은 사람들이 말하고 행하는 것을 반영한다는 주장은 편협한 주장일 수 있다. 대중의 분위기를 가장 잘 측정하는 것은 TV 단신이나 신문 칼럼이 아니라 실제 사람들의 표본조사에 근거한 여론조사이다. 하지만 여론조사도 종종 틀리기도 한다(e.g. 1992년 영국 총선).

대중의 의견-느낌, 맛, 분위기-은 파악하기 어렵고 종종 양분되고 항상 예측하기가 어렵기 때문에 측정하기 어렵다. 사실 대중의 의견에 있어서 문제는 사람들의 사적인 의견과 언제나 일치하는 것은 아니라는 것이다. 우리가 법을 위반하지 않는 한 우리는 대중 앞에서 좋아하는 것을 말하고 행할 수 있다. 그러나 보이지 않는 곳 (문이 닫혀진 뒤)에서 말해지고 행해지는 것을 누가 알겠는가? 한가지 확실한 것은 미디어가 그 문 틈을 엿보기 위해서 최선을 다하는 것이다. 그러나 그들의 관점은 영원히 애매모호하다. 때때로 미디어 제작자들이 사람들이 진정으로 원하고 생각하고 느끼는 것을 파악할 때도 있다. 팝송이 몇 주일 동안 차트의 상위권에 머물고 영화가 크게 히트하고 사회 네트워킹 사이트는 수백만의 새로운 신청자들을 끌어들이고 TV게임 쇼 'sensation'은 세계 전역에 있는 국가에 팔린다. 그러나 미디어의 히트와 더불어 수없이 많은 미디어의 실패, 잘못된 판단. 한물 간 것들, 결코 히트하지 못한 것들이 있다.

이와 같이 경쟁적인 미디어 시장에서 가장 관심이 있는 부분은 히트작이다. 왜냐하면 미디어 영향과 결과에 있어 관심의 초점이 되고 있는 부분은 대중문화이기 때문이다. 경건하게 살아가는 대중은 특별한 TV쇼나 노래 가사에 관심이 있을 수 있고 소비자들이 일상적으로 등을 돌린 끝없이 많은 '평범한 미디어'를 인정하지 않는다. 설상가상으로, 대중이 두려움에 열중한 나머지 의도치 않게 비난 받을 대상을 팝 차트와 박스 오피스 히트 리스트에 올려놓기도 한다. 그러나 대중문화가 평범한 것도 나쁜 것도 아니다. Sesame Street(1969-)이나 Strictly Come Dancing(2004-)과 같은 TV쇼를 생각해 보라. 그 쇼는 많은 시청자들에게 ABC철자와 차차차를 배우게 했다. 그러나 저널리스트들이 말하는 것처럼, 나쁜 뉴스가 좋은 뉴스이다. 그래서 좋은 일보다 더 많이 나쁘고 흉한 얘기를 뉴스에서 다루는 것이다.

잠재적으로 해로운 효과에 대해 대중들의 반향을 불러 일으킨 모든 음악, 영화, TV쇼, 웹사이트와 다른 미디어를 망라하는 데에는 또 다른 책 한권이 필요할 것이다. 엘비스 프레슬리가 힙을 돌리는 것부터

(그의 첫 번째 텔레비전 방송은 부적절함에 대한 불평을 피하기 위해서 허리 위 모습만 방영되었다) 두살난 소년의 모방 범죄를 다룬 사탄의 인형 3까지; 고등학교 총격전에 영향을 준 것으로 알려진 롤 플레이 게임 Doom's(1993)부터 십대 자살 협정과 관련이 있는 emo 뮤직: 정크 푸드 광고부터 온라인 소아 성애까지-해로운 영향을 미칠 목록은 상당하다. 우리가 밝힐 필요가 있는 것은 이와 같은 부정적인 미디어 효과를 확인하고 설명하는데 이용되는 다른 이론과 방법이다. 모든 미디어 효과 연구의 공통 주제는 정신적인 설득과 영향에 대한 생각이다. Mcluhan의 매체 이론이 큰 영향을 미치듯이 미디어 기술도 역사와 사회를 적게 변화시키지는 않는다-매체 효과 접근법은 소규모와 개별적인 수준에 초점을 맞춘다. 그래서 Mcluhan이 기술 결정주의로 공격을 받지만 미디어의 영향에 대해 연구하는 사람들은 심리적인 결정주의 혹은 심지어 생리학적인 결정주의로 비난을 받는다. 그들의 방어를 들어보자.

자극 반응 모델(The Stimulus-Response Model)

이 최초의 가장 일반적으로 논의되는 효과 모델에서 미디어는 간섭이나 마찰 없이 직접적으로 개개인에 영향을 미친다. 미디어가 우리 삶 전반에 다소 편재하기 때문에 우리 모두의 생활, 즉 보고 듣고 검색하고 놀고 읽는 것에 미디어가 어느 정도 영향을 미친다는 것을 의미한다. 이와 같은 직접적인 영향 접근법은 자극과 반응을 요구 한다-나무에 불을 놓거나 무릎 뼈를 치는 경우처럼 외부의 자극이 사물에 영향력을 행사하고 내적인 반응을 일으킨다. 다른 생물처럼 인간은 끊임없이 환경과 함께 진화하고 환경에 적응한다. 카멜레온이 천적으로부터 자신을 보호하기 위해서 몸 색상을 변화시키는 것처럼 우리는 우리 환경에 적응해야한다. 예를 들어 추운 날씨는(두꺼운 코트를 입고 울 모자를 쓰는) 반응을 필요로 하는 자극이다. 그렇게 반응하지 않으면 우리는 그 결과(감기 바이러스, 저체온증등)로 고통을 받을 것이다. 이와 같이, 미디어는 우리를 자극한다. 일기 예보에 대해 우리는 비가 올 때 우산을 가지고 다니는 것으로 반응할 수 있다. 좀 더 안 좋은 예로 우리가 폭력적인 비디오 게임을 한다면 우리는 실제 상황에서 더 폭력적이고 공격적인 반응을 나타낼 수 있다.

자극-반응 모델은 그렇기 때문에 실제 세계에서 우리가 어떻게 행동하는지를 형성하는데 있어 아주 영향력이 있다. 자극-반응 모델은 미디어 효과의 '마법의 해결책', '미디어 마약', '피하주사기' 이론으로 또한 알려져 있다. 미디어는 우리의 심리적인 특성에 깊이 관통해서 우리의 정신을 전염시키고 우리에게 말하고 행동하게 한다. 미디어는 설득, 공공성, 선전의 강력한 근원이다. 유명한 미국의 정치 분석가인 Harold Lasswell은 이 생각을 그의 유명한 문구에 담았다: '누가 누구에게 어떤 채널로 어떤 효과를 갖고 말하는가.' Chinese Whispers 게임처럼 Lasswell은 미디어가 그들의 생각과 가치를 한 체인을 따라 소통하면 그 체인을 따라 다른 쪽 끝(즉 대중)에 영향을 미칠 것이다. 때때로 미디어 자극의 효과는 의도된 것은 아니지만 개인에게 영향을 미칠 것이다-어떤 경우에는 결정적이고 분열을 초래하는 영향을 미칠 수도 있다.

Lasswell의 경우를 지지하는 증거로서 Propaganda Technique in the World War(1927)에서 세계 1차 대전 동안 영국의 미디어 선전(포스터와 신문 캠페인)은 대중의 심장과 정신에 애국심의 반응을 자극하는데 있어 독일의 선전보다 더 효과적이었다. 영국은 인도주의적인 목표에 호소하였으나 독일은 그들이 저주하는 인간의 재앙에 대해 덜 얘기하고 그들의 문화에 대해 더 많이 이야기하였다. 약 10년 후에 Hitler 정권이 효과적인 미디어 선전의 놀라운 힘을 보여주었을 때 Lasswell의 최악의 공포는 실현되었다. 다른 한편 영국의 정보부는 2차 세계대전의 초반에 슬프게도 비효과적이었고 시민들 사이에 불운한 별명을 얻었다-'오보부(The Ministry of Misinformation)'. 전쟁 선전은 잇따른 전쟁에서 더 논쟁적인 역할을 하였고 첫 번째 TV전쟁(베트남전)과 소위 '테러 전'과 연관이 있는 더 최근의 사건이 발발한 후에 거대한 대중의 항의를 불러 일으켰다.

전쟁은 자극-반응 모델이 사는 유일한 맥락은 결코 아니다. 예를 들어 컴퓨터 게임, 포르노그라피, 온라인 도박과 공격적인 노래 가사의 불건전한 효과에 대한 모든 새로운 공포는 사고의 자극-반응 방식에 기인한 것이다. 그러나 언론이 부추긴 대중 담화에서 지속적으로 통용되고 있지만, 대부분의 전문가들은 자극-반응 모델에 많은 문제가 있다는데 동의한다. 그 중 가장 놀라운 문제는 아마도 우리 모든 개개인이 해로운 미디어 파워에 직면했을 때 무기력해질 것이라는 추측이다. 미디어에 노출된 모든 사람은 똑같이 감염되지만 미디어를 피하는 사람들은 미디어의 효과에 면역이 되어있다(TV시청자들은 미디어 기피자들에게 생각과 영향을 줄 수 없는 것처럼). 자극 -반응 옹호자들은 다양한 미디어 산업사이의 복잡한 차이(같은 찬송가를 부르지 않는다)를 이해하지 못하고 미디어의 단순하고 획일적인 관점을 힘의 위험한 중심으로 받아들이는 것에 대해 비판을 받을 수 있다. 미디어 산업이 소비자들의 말에 귀를 기울이고 그들의 욕구를 충족시킬 수도 있다는 생각은 너무 쉽게 부인될 수 있다. 게다가 자극-반응 모델을 테스트하기 위한 인간의 실험실 연구는 아직 결론을 내리고 있지 못한 실정이다.

사회 인식 이론(Social cognitive theory)

사회 학습이나 모델링 이론으로 또한 알려진 사회 인식 이론은 서로 간에 배우고 그들 자신으로부터 배울 수 있는 동기 부여 능력에 의해 인간을 다른 생물과 다르게 취급한다. 그래서 외부 자극과 내부 반응은 인간 행동의 주요한 결정요소는 아니다. 우리가 어떻게 서로 상호 작용하고 우리 주변 세계와 상호작용하는가가 사회 인식 이론가들에게 가장 흥미롭다. 우리 환경이 피할 수 없고 반응해야만 하는 통제할 수 없는 힘이나 자극에 의해 둘러 쌓여 있는 것만은 아니다; 그 대신, 사회 인식 이론은 우리 세상을 우리 모두가 성장하면서 읽는 법, 쓰는 법과 같은 생활 기술을 서로에게서 배울 수 있는 곳으로 여긴다. 그렇기 때문에 이 접근법은 고립된 개인으로서의 인간의 자극-반응 관점을 버리고, 반대로 사회 인식 과정은 대부분의 사람들이 완전히 사회화되고 통합된 인간이 되도록 발전하는 것으로 보고 있다. 물론 부모와 선생님들은 아이들이 배우고 사회화하는 것을 돕는 데 있어 중요한 역할을 한다. 그러나 미디어 또한 점차 중요한 역할을 하고 있다.

미디어 효과의 사회 인식이론은 TV나 다른 시청각 기술이 특히 미디어를 통해 실제 세계에 대해 많이 배우는 어린 아이들에게 관찰학습의 중요한 자료가 된다고 본다. 미국 사회 심리학자 Albert Bandura와 그의 동료들이 행한 BoBo 인형 연구가 이 이론과 관계가 있는 연구이다. 이 실험에서 유치원 아이들은 두 그룹으로 나뉘었다: 실험 그룹과 통제 그룹. 실험 그룹에게는 샌드백을 반복적으로 치는 공격적인 성인 영화를 보여주었다. 반면 통제 그룹은 완전히 다른 비폭력적인 영화를 보았다. 영화를 본 후에 아이들에게 BoBo인형을 포함한 다양한 장난감을 가지고 놀게 했다. Bandura는 실험 그룹에 있는 아이들은 영화에서 배운 공격적인 폭력성을 모방한 반면 (그들은 BoBo 인형을 발로 찼다!) 통제 그룹은 정상적으로 행동했고 폭력성이 늘어난 조짐도 보이지 않았다고 한다.

폭력적인 영화의 '모델링' 효과가 실험 그룹에 미친 영향과 서로의 영화에 대한 반응으로부터 배울 수 있는 경향은 Bandura로 인해 폭력적인 미디어가 아이들의 사회 학습 행동에 영향을 미친다고 결론을 내리게 했다. 우리는 비슷한 결과를 낳는 이 인지 실험과 다른 인지 실험의 의미에 대해 걱정할 수 있다. 그러나 BoBo 인형 실험은 인위적인 방법론 때문에 비평을 받았다. 실제로 사회 연구 방법에서 몇몇 전문가들은 실험이 학교 테스트인것처럼 아이들이 어떻게 종종 실험을 하는지를 보여줄 확실한 증거를 제공한다. 그들은 자연스럽게 행동하는 대신에 '옳은 답'을 찾는다-그들이 행동해야한다고 생각하는 식으로 행동하기-그리고 연구자들의 의도를 추측하려고 한다. 그래서 Bandura의 아이들은 연구자들이 그들에게 그런 행동을 기대하고 있다고 생각하기 때문에 보보(BoBo) 인형을 때렸을지도 모른다. 이와 같은 실험 연구는 종종 결과를 형성하고 왜곡시킨다. Bandura의 의심 법(suspect moethod)과는 별도로, 아이들은 미디어로부터 잘못된 것을 배우기만 하는 것은 아니라는 것을 덧붙여야 한다. 인지 연구는 반사회적인 미디어 효과 외에 친사회적인 효과를 발견했다(우리는 미디어 해독력 문제를 후에 고려할 것이다). 그 옛 격언에 나오는 것처럼 나쁜 공격 뿐만 아니라 좋은 공격도 있다.

프라이밍(Priming) 효과

프라이밍은 미디어와 개인의 기억 사이의 관계에 더 초점을 맞춘다는 것을 제외하고 사회 인지 이론과 유사한 접근 방법이다. 예를 들어 프라이밍 효과는 라디오에서 들은 노래가 우리 삶에서 과거 경험을 떠오르게 할 때 일어난다. 다시 말하면 미디어에 노출이 우리 과거의 억눌린 감정이나 생각을 불러 일으킬 때 프라이밍 효과가 일어난다. 프라이밍 효과는 우리를 슬프고 우울하게 만들거나 행복한 기억을 다시 불러 일으킬 수 있고 우리가 우리자신에 대하여 더 좋은 기분을 갖도록 돕는다. 그래서 프라이밍효과는 장기적인 결과를 낳는 단기적인 효과이다. 우리는 우리 삶에서 통과의례와 같은 중요한 순간 뿐만 아니라 일상적인 순간도 기억하고 극적인 미디어에 노출된 순간 뿐만 아니라 평범한 순간도 잘 기억한다는 사실을 생각해보면 우리가 프라이밍의 미묘한 효과를 늘 의식하지는 못하는 것 같다. 미묘한 효과를 고려하지 않더라도, 프라이밍 효과는 평범한 현상은 아니다. 우리 자신의 삶에서 이미지, 단어, 소리가 때때로 맴돌때가 있다. 더군다나 프라이밍 효과는 대부분 온화하고 드물게 눈물, 화, 공격성과 같은 극단적인 반응을 불러일으키기도 한다.

프라이밍 연구는 미디어가 우리의 감정을 불러 일으킬 수 있는 위대한 능력을 갖고 있다는 사실을 보여주었다. 예를 들어, 실제 인생 드라마는 허구적인 오락보다 더 규칙적으로 우리의 기억을 상기시킨다. 우리는 등장인물이나 사건과 우리자신을 동일시하거나 믿게 되고 영화, 노래, TV드라마의 의미를 우리 인생사에 적용하는 방식으로 자유롭게 해석할 수 있으며 우리는 프라이밍 효과를 더 잘 일으킬 수 있을 것이다. 이와 같은 인지 관계는 우리의 기억을 상기시키는데 의존하기 때문에 먼 기억보다는 최근의 기억을 이용하는 것이 더 일반적이다. 예를 들어, 갓 결혼한 커플이나 곧 결혼할 커플들은 결혼을 축복하는 미디어에 의해 더 잘 프라이밍 효과가 일어 난다: 쇼퍼가 운전하는 차, 꽃, 신혼여행 등등. 우리의 과거 깊은 곳에 숨어 있는 기억을 불러 일으키는 매체와의 접촉으로 우리는 가장 강력하게 기억할 수 있다. Facebook, 친구 찾기 사이트 (Friends Reunited)와 같은 인기있는 네트워킹 사이트는 사람들에게 오랜 기억과 오래 전에 잃어버린 친구를 찾는 새로운 방법을 제공함으로서 강력한 프라이밍 효과를 불러 일으킨다.

배양 효과 이론(Cultivation Theory)

사회 인지와 프라이밍 효과와는 달리 미국 커뮤니케이션 전문가 George Gerbner가 분석한 배양 효과는 미디어에 더 오래 노출될 때 생기는 것이다. Gerbner와 그의 동료들은 어떤 주제에 대한 사람들의 의견에 대해 장기간의 조사를 했다-중요한 변수는 그들이 얼마나 TV를 많이 보았는지이다. TV를 보지 않은 사람들과 TV를 많이 본 사람들과 비교해서 배양의 차이를 구하기 위해 의견의 차이를 측정했다. 대부분의 경우에 배양의 차이는 중요했다. 실제, TV를 많이 보는 시청자들은 바깥 세상에 대해 TV를 적게 보는 사람들과 다른 의견을 가지는 것으로 드러났다. 그래서 TV는 매일 일정시간의 TV를 시청하는 사람들의 의견을 배양하는 것이다.

그건 지극히 상식적이라고 말 할 수도 있다. 그러나 단지 배양 차이보다 더 중요한 것이 있다. Gerbner는 TV를 장시간 시청하는 사람들에게 걸리는 '비열한 세상 신드롬(Mean World Syndrome)'을 발견했다. 간단히 말하자면 TV를 더 많이 보면 볼수록 세상 도처에 위험과 악이 도사리고 있는 적대적이고 범죄에 찌든 빈민지역을 바깥세상이라고 간주하기 쉽다. 왜 그럴까? 배양 이론은 배양 차이와 TV 내용 분석을 동일선상에 놓음으로써 '비열한 세상 신드롬(Mean World Syndrome)'을 설명한다. TV 내용 분석의 경우에 Gerbner는 TV상에서의 범죄가 실제 세계에서의 범죄보다 10배 더 나쁘다는 것을 발견했다. 그는 또한 TV가 사람들의 기호와 의견에 '주류적인 영향(mainstreaming effect)'을 미친다는 사실을 알았다. TV는 다양한 문화적이고 정치적인 관점을 수용할 수 있는 혁신적인 프로그래밍 대신에 대중에 대한 폭넓은 취향에 부응해야 한다. TV 제작자들은 일단 시도한 후 검증하는 스타일에 빠질 경향이 있다. 이와 같은 주류 효과는 TV 시청자들이 익숙하고 그 이상을 볼 수 없는 좁은 세계관을 배양시킨다.

그래서 TV 중독자들은 그들이 작은 화면에서 보는 것과 그들이 실제 일어나고 있다고 생각하는 것 사이에 직접적으로 연관을 짓는다. TV 배양 능력은 개개인들에게 TV 바깥세상에 접하는 방식을 가르치는 것을 의미한다. 둔감하게 만드는 과정-우리가 TV에서 본 것에 덜 충격을 받는 것-이 전형적인 배양 효과이다. 물론 문제는 TV 현실주의가 실제 현실과 거리가 있다는 것이다. 운전을 하면서 총격을 가하는 것을 우리가 직접 목격하면 우리는 아마 아프거나 삶에 대한 두려움이 생길 것이다. 반면 매일 밤 TV에서 그것을 목격하면, 우리는 눈도 깜박하지 않을 것이다. 더 걱정스러운 것은 아주 어린아이들이 무분별하게 TV를 보는 배양 효과는 주의력 결핍 장애와 연관이 있어왔다. 그러나 긍정적인 면은 배양 이론이 미디어 효과의 '방출 밸브 모델(release-valve model)'을 설명할 수 있다는 것이다. 개개인의 부정적인 에너지(화, 좌절, 질투, 증오)가 실제 사람들을 향하기보다는 비디오 게임에서 화소를 옮기는 것으로 분출 될 수 있다.

아젠다 세팅(Agenda Setting)

이와 같은 접근법은 미디어가 대중의 관심사에 대한 사람들의 태도에 어떻게 영향을 미치느냐와 관계가 있다. 아젠다 세팅 이론은 뉴스 가치가 뉴스 생산자에 의해 어떻게 실행되고 뉴스 청중에 의해서 어떻게 인지되는지 관점에서 뉴스 가치를 밝힌다. 주어진 순간에 어떤 뉴스 스토리가 가장 중요하고 어떤 뉴스 스토리를 생략할 지를 결정할 필요가 있다. 이상적으로 청중이 어떤 이야기를 우선시 할 지를 결정하지만 빠르게 움직이고 비조직화되고 예측할 수 없는 속보 틈에서 청중이 선택하기는 쉽지 않다 -그리고 어쨌든 저널리스트들은 뉴스꺼리가 되는 것과 되지 않는것을 판단하기 위해서 전문성이 필요하다고 주장할 것이다.

사실 아젠다 세팅 연구의 결과는 뉴스 아젠다는 거의 항상 시간에 걸쳐 공적인 아젠다를 낳기 때문에 저널리스트가 좋은 판사의 역할을 한다는 것이다. 물론 또 다른 주장은 뉴스 아젠다가 공적인 아젠다에 대한 대리인일 뿐만 아니라 공적인 아젠다에 강력한 영향을 끼칠 것이라는 것이다. 뉴스 헤드라인은 매일 대화 소재이다. 뉴스 스토리는 여론 형성층의 주요 소재가 된다. 어린 소녀가 실종되고 난 며칠 후에는 전 세계가 그녀를 찾고 있다. 더 구체적으로 1970년대와 1980년대의 아젠다 세팅 연구는 미국 커뮤니케이션 연구가 Maxwell McCombs에 의해 전형적인 뉴스 스토리를 방송하는 것과 더 넓은 공적인 의식세계로 여과되는 것 사이의 차이를 넉 달간 측정했다. 오늘날의 포스트 CNN시대의 미디어 시장에서 뉴스는 20년이나 30년 전보다 더 기꺼이 유용하고 더 많은 '롤링' 포맷을 사용한다는 점을 고려하면, 이 넉 달 규칙은 거의 확실히 단축되었다.

배양 이론처럼 아젠다 세팅 접근 방법은 우리 현재 상황을 넘어서 세계와 서로에 대한 의견을 어떻게 형성하는지에 대한 장기적인 미디어 효과를 이해하고자 하는 것이다. 다른 아젠다-세팅 연구는 미디어의 '사회적 지위 부여기능'과 -미디어 노출이 어떻게 정치인이나 전문가의 평판을 향상시키는지- 미디어가 친구들 사이에서 패셔너블하게 보이기 위해 어떤 옷을 입어야 하는지와 같은 '사회적인 규칙'을 실행할 수 있는 미디어의 능력을 지적한다. 그러나, 대중적인 아젠다가 언제나 미디어 아젠다를 따르는 것은 아니다. 예를 들어 너무 단조로운 정치 뉴스는 정치적인 반감을 가져올 수도 있다. 그래서 정치적인 반감이 미디어 아젠다의 결과가 되는 것은 당연하다-뉴스캐스터는 전형적으로 정치 스토리가 아주 가치 있다고 판단 한다-미디어 아젠다는 대중 아젠다에 의해 거부당하고 결국 대중의 대표(즉 정치인)의 아젠다를 거절할 수 도 있다. McComb과 같은 아젠다 세팅 이론가들은 뉴스 미디어가 더 지속적이고 심층적인 보도로 정치와 정치인들의 대중적 인지도를 높일 것이라고 한다. 그리고 그 보도는 또한 청중으로 하여금 이미지와 성격이 아닌 중요한 문제와 정책을 배우게 한다.

혁신 전파 모델(The innovation diffusion model)

새로운 기술이 대중의 삶으로 얼마나 빨리 전파되는지를 판단하려고 하는 접근방법으로 미디어 효과를 논의하는 것을 멈추자. 다섯 명의 사용자 캐터고리가 Diffusion of Innovations(1962)에서 미국 사회주의자 Everett Rogers에 의해 확인되었다. 첫째, '혁신가'들은 새로운 기술을 시도하고 만들려는 사람들이다. 그들 다수는 전문가 회합에서 만나 최신 제품과 아이디어를 논의한다. 물론 몇몇 혁신가들은 특허권과 지적인 자산권을 성공적으로 주장한 결과로 아주 부유해지지만 일반적으로는 클레임보다 청구인들이 더 많다. 그래서 많은 혁신가들은 성과를 놓치게 된다. 둘째, 얼리어답터들은 혁신가들로부터 힌트를 얻는 기술적으로 요령있는 사람들이고 혁신을 시도하려는 첫 번째 사회그룹이 된다. 얼리어답터들은 성공적인 혁신 전파에 있어 중요하다. 그들은 새로운 기술을 처음으로 살 사람들일 뿐만 아니라(종종 높은 가격에) 또한 최근 사용자들의 사용자 친근감을 향상시키는 것을 돕는데 피드백을 제공한다.

'초기 다수'와 '후기 다수'가 각각 세 번째와 네 번째로 중요한 그룹이다-전자는 후자보다 혁신을 더 일찍 받아들이고 받아들이는데 덜 주저한다. 끝으로 '느림보'는 혁신을 가장 받아들일 것 같지 않고 그들의 방법을 변화시키기 위해서 모든 사람들이 '느림보'를 확신시킨다. 일반적으로 Rogers는 초기 사용자들이 후기 사용자들보다 더 높은 사회 경제적인 지위를 갖고 있다고 한다. 모든 새로운 기술을 5그룹의 사용자 캐터고리로 나눌 수 없다는 것은 말할 필요도 없다. 예를 들어, 1980년대에 Digital Audio Tapes(DAT)가 더 폭넓게 받아들여진 CD와 치열한 경쟁을 할 때 DAT는 '얼리어답터 시장'을 넘어서는 팔리지 않았다. Pager, WAP전화기, Xbox 360 console과 HD DVD포맷도 비슷한 확산 문제를 경험했다. 혁신가나 얼리어답터들이 기술적인 문제를 고칠 수 있기 때문에 대중들이 사용할 수 있는 'Killer app'을 찾지 못했기 때문이다.

혁신 전파에 대한 미디어 연구는 두 가지 형태를 취한다. 한 연구 형태로, 설문조사와 판매 수치의 도움으로 시공간을 넘어선 미디어 기술의 전파를 구성하는 것이 가능하다. 신문과 같은 혁신은 천천히 받아들여지고 수십년에 걸쳐 폭넓게 퍼져나갔다. 대조적으로, 비디오 카세트 리코더(VCR)는 시내 중심가 책장에서 가정의 가구의 일부분으로 빠르게 옮겨갔다. 전파율 차이가 갖는 의미에 관해 많이 논의된다. 빠른 전파는 혁신 기술이 진보적인 사회의 패브릭에 균일하게 흡수되었다는 것을 의미한다. 그 반면, 다른 사람들은 걷잡을 수 없는 소비지상주의에 대한 저항으로서 혁신기술이 느리게 퍼져나가는 것을 더 반긴다(소비자 파워에 대한 이론은 다음에 더 깊이 논의될 것이다).

다른 연구형태로서, 혁신 전파 모델은 뉴스 전파를 연구하기 위해 사용될 수 있다. 9/11과 같은 아주 극적인 뉴스 사건이 전 세계적으로 빠르게 전파된다는 것은 놀라운 일이 아니다. 사실 이런 규모의 사건이 발생할 때, TV, 라디오나 인터넷을 직접적으로 접하기 이전에, 미디어 소스로부터 나온 뉴스에 대해 친구나 가족 구성원과 같은 다른 사람들로부터 전해 듣는 것이 더 일반적이다. 먼 장소에서 일어나는 사건에 대해 보도하는 평범한 뉴스 스토리가 대화의 주제가 될 수는 없을 것 같다. 그래서 그 일상적인 뉴스 스토리가 다른 미디어 소스를 통해 부족한 전파를 탄다. 더군다나, 특정 지역(e.g. 알래스카)이나 분야(즉 금융시장)에 대한 뉴스는 이 지역이나 분야에 폭넓게 퍼져있을 것이다(일반적으로 도처에 있지는 않지만). 뉴스 전파 연구는 원하는 스토리를 사람들에게 제공하려고 하는 저널리스트들에게 중요한 시장 연구 데이터를 제공한다. 뉴스 전파 모델은 또한 사회의 선의를 위해 실행될 수 있다. 예를 들어 뉴스 미디어는 AIDS나 십대 임신과 같은 사회적인 문제를 인식하고 알릴 때 긍정적인 효과를 미칠 수 있다. 다른 한편, 이민율에 대한 비호의적인 보도를 접할 때, 인종주의적 관점을 받아들인다면 부정적인 미디어 효과는 자명할 것이다.

IV 소비자 파워

4

소비자 파워

소비자 파워에 대한 관점은 미디어 효과와 대조를 이룬다. 소비자 파워의 주안점이 미디어에서 청중으로 바뀌고; 효과에서 용도로; 부당하게 이용당하는 소비자에서 종잡을 수 없는 소비자로; 소원한 청중에서 저항하는 개인으로 바뀐다. 미디어 산업은 소비자 파워를 시험하는데 이상적이다. 미디어가 생산하는 것은 우리가 소비할 필요가 있는 필수품은 아니지만 우리는 정보와 오락의 형태로 경험하기를 바란다. TV가 우리에게 물을 준다면 우리는 소비할 수 밖에 없다. 그러나 우리는 선택할 수 있다. 미디어 소비자들은 그들의 존재 때문에 제품이나 서비스에 의존할 필요 없이 그들이 바라는 대로 선택할 수 있다. 중요한 질문이 있다: 소비자들은 얼마나 많은 선택을 즐기는가?

소비자 파워를 지지하는 사람들은 우리가 바라는 것이 있는 한 우리가 원할 때, 그리고 원하는 방식대로 미디어를 이용해야 한다고 주장한다. 치열한 경쟁적인 미디어 환경에서 방송사들과 다른 제작사들은 우리의 주의를 끌려고 노력한다. 지금 많은 사람들은 worldwide web으로부터 외관상 데이터를 무한으로 제공 받고, 수백 개의 디지털 TV와 라디오 채널, 게임, 음악 스타일, 셀수없이 많은 영화와 잡지를 즐긴다. 이와 같이 세분화된 미디어 경제에서 소비자 욕구를 충족시키기 위해서 제작사들은 더 크고 더 좋은 내용을 가지고 서로 경쟁해야 한다. 그래서 소비자를 win-win상황에 처해 있게 한다.

그러나, 우리가 잠시 동안 소비자 파워에 대해 이상적이고 낙관적인 견해에서 벗어난다면, 소비자가 그 특권을 즐기는 것을 보는 것은 어려울 수 있다. 소비자 파워는 미디어 연구에서 상당히 논란의 여지가 있는 개념이다. 상업적 혹은 공공 목적이든 미디어는 가장 우선적으로 고객과 주주에게 그들의 판단의 정확성을 입증해야 한다. 그리고 대부분의 미디어 기관의 최우선 순위는 광고주와 스판서를 만족시키는 것이다. 소비자 파워를 주장하는 사람들은 청중이 광고에 주의를 적게 기울여야 하며 그 광고된 제품을 사도록 청중을 조종해서는 안 된다고 주장한다. 그러나 이와 동시에 미디어는 광고 공간에 개별화된 소비자 프로파일을 점점 더 약삭빠르게 팔고 있다. 우리가 정말 미디어에 의해 통제를 당하고 있는가? 당신이 결정해라. 다음 장에서 소비자를 단단히 통제하는 접근법에 대해 살펴 볼 것이다.

2단계 정보 흐름 모델(TWO-STEP flow model)

직접적인 효과의 자극-반응 모델과 반대로 Personal Influence (1955)에서 미국 사회학자 Elihu Katz와 Paul Lazarsfeld에 의해 아웃라인을 잡은 2단계 정보 흐름 모델(Two-step flow model)은 미디어의 영향력이 개개인이 서로에게 작용하는 힘에 의해 어떻게 완화되는지를 보여준다. 그래서 이 모델은 미디어가 단순히 소비자를 넘어서

파도처럼 흐르고 그들을 악과 폭력의 바다에 빠뜨린다는 생각에 반대한다. 연관된 두 단계는 똑같이 영향력이 있다: 사실과 생각이 지역 커뮤니티에서는 미디어에서 오피니언 리더로 흐른다(1단계). 그리고 오피니언 리더에서 더 수동적인 소비자로 바뀐다(2단계). 그렇기 때문에 2단계 정보 흐름 모델은 상호 커뮤니케이션이 출처부터 최종 목적지까지의 미디어 커뮤니케이션의 흐름을 중재한다고 주장한다. 이 정보 흐름 모델은 미디어가 사람들의 생각과 감정에 영향을 미치는 많은 요인들 중 한가지에 불과하다고 생각하기 때문에 종종 제한적인 효과 접근법이라고 불린다.

2단계 정보 흐름 모델은 자유롭게 흐르는 의미와 생각을 강조하기 때문에 소비자의(미디어가 아닌) 파워를 지지한다. 오피니언 리더의 역할은 지역 사회와 가족 생활에 적합한 큰 미디어 그림을 형성하는데 중요하다. Katz와 Lazarsfeld의 경우, 오피니언 리더는 저널리스트나 영화 감독만큼 대중의 의견을 형성하는데 중요하고 커뮤니케이션을 하는데 있어 중요한 역할을 한다. 우리 모두는 확실히 한 종류 이상의 오피니언 리더를 알고 있다. 그들은 유력자들이고 파티의 주인이고 갱의 지도자이고 말주변이 좋다. 지난 시절에는 종교 지도자들이 이와같은 역할을 하였지만 오늘날의 세속화된 사회에서는 오피니언 리더 유형을 예측하기 어렵다. 선생님과 의사와 같은 전문가들이 종종 오피니언 리더이지만 술집이나 가게 주인이 오피니언 리더가 될 수도 있다. 기사와 계산대 직원, 이웃, 엄마 아빠, 형제 자매, 친구와 동료, 사실 모든 사람들이 오피니언 리더가 될 수 있다. 적어도 이론상으로는, 이와 같이 풍부한 오피니언 리더가 미디어 효과와 완전한 미디어 소비사이의 완충제 역할을 한다.

상호간 커뮤니케이션에 관한 세미나 연구로는 미국 사회학자 Joseph Klapper의 The Effects of Mass Communication(1960)를 들

수 있다. Klapper는 미디어는 사람들의 기존 의견을 강화시키고 새 의견으로 기존 의견을 세뇌하지는 않는다는 것을 입증하고자 한다. 예를 들어, 우리의 취약한 의견이 신문이나 라디오국의 선택에 영향을 왜 미치는지를 설명한다. 보수 유권자들은 신문의 사설이 그들의 정치 성향과 일치하는 보수 신문을 산다. 이와 같이 그들이 속한 그룹의 성향은 이 그룹의 밖에 있는 오피니언 리더처럼 그들의 의견에 중요하게 영향을 미친다. 상업 언론과 방송사들이 믿을 수 있다고 입증된 공식을 따르고 더 도전적이고 독창적인 내용으로 광고주와 청중을 소원하게 할 수도 있는 위험요소를 피하고 있다는 사실을 지적하며 Klapper는 대중의 견해나 분위기를 바꿀수 있는 미디어의 진보적인 잠재력을 의심한다.

이용과 충족 이론(Uses and gratification theory)

이용과 충족 이론(Uses and gratification theory)의 쟁점은 청중이 미디어를 이용한다는 것이다-그 반대가 아니다. 이용과 충족 이론은 효과를 두려워하는 것으로부터 욕구를 충족시키는 것으로 이동한다. 그 이론은 다음과 같다: 인간은 다양한 사회 심리적 욕구를 가지고 있는 것 같다. 이와 같은 욕구는 우리가 먹는 음식, 우리가 운전하는 차 뿐만 아니라 미디어에 대한 기대를 낳고, 그 기대를 실현하기 위해 미디어를 선택하고 결과적으로, 그 욕구는 충족된다. 예를 들어, 우리가 우리의 배고픔을 충족시킬 필요가 있을 때 식사를 하고 식사가 우리의 기대를 충족시킬 때 우리는 만족감을 느낄 것이라고 유추해 볼 수 있다. 이와 같이 우리는 흥분이나 웃음에 대한 갈증을 충족시키기 위해서 비디오 게임을 하거나 TV의 스탠드업(stand-up) 코미디를 본다. 필요는 언제나 효과를 선행한다. 미디어 효과는 자율적이고, 완전히 유익하고 우리의 일시적인 분위기와 기분을 맞춘다.

그래서 이용과 충족이론은 그들의 미디어 선택과 이용에서 청중을 활동적이고 지적이라고 취급한다. 그 이론은 또한 청중들이 미디어에 의해 사로잡혀있다는 효과 연구의 가정을 뒤바꾼다. 그 대신에 미디어는 필수적인 것을 수정하기 위해서 어떤 때라도 소비자가 자유롭게 이용하는 도구와 같다. 예를 들어 우리가 옷을 다림질 하면서 라디오를 배경음악으로 틀 때 미디어 기술이 소비자 욕구를 비교적 피상적으로 충족시킨다고 할 수 있다. 이런 경우에 라디오는 우리가 듣는 흥미로운 것에 대한 욕구를 충족시킴으로서 지루함을 덜어준다. 우리는 어떤 억눌린 공격을 줄이기 위한 욕구를 충족시키기 위해서 폭력적인 비디오 게임을 또한 이용할 수 있다. 우리가 모르는 사이에 비디오 게임은 우리 실제 생활에서 사람들에게 우리의 주먹을 휘두르는 것을 막는 중요한 방출 밸브 기능을 할 수 있다. 미디어와 그 소비자들은 잘못된 일을 하지 않는 것 같다.

이용과 충족이론이 지지하는 낙관주의에 대한 비평이 없는 것은 아니다. 주요한 비평으로는 가장 기본적인 인간의 욕구가 실제 무엇인지, 또한 이런 욕구가 보편적인지 개개인이나 문화적인 차이에 따라 다양한지에 대한 의견의 일치가 부족하다는 것이다. 미디어 제품이 늘 소비자의 욕구를 충족시킬 수 있다는 생각은 또한 의문의 여지가 있고 미디어를 무비판적으로 옹호하는 것이다. 분명히 미디어는 때때로 우리의 욕구와 기대에 부응하지 못할 경우도 있다. 예를 들어, 우리가 이메일에서 광고를 보고 최근 블록버스터 영화 티켓을 사고 실망하는 경우도 있다.

소비자 저항(Consumer resistance)

저항 접근법은 청중이 미디어 기관의 바램과 의도를 일반적으로 반대한다는 것을 입증한다. 이런 접근방법에 따르면 소비자는 일반적으로 미디어 제품의 사용과 의미를 미디어 생산자들이 예상하지 못한 방법으로 다시 정의한다. 예를 들어 십대는 그들이 가장 좋아하는 팝송 가사를 재창조하거나 버버리와 같은 값비싼 의류 브랜드를 유행시켜(모조품으로) 착용한다. 이와 같은 예측할 수 없는 저항 기술은 더 넓은 소비시장에서 제품과 브랜드의 평판을 궁극적으로 떨어뜨린다. 예를 들어 제니퍼 로페즈를 주인공으로 하는 대부분의 영화 뿐만 아니라 변변치 않은 Thunderbirds(2004)와 심각한 손실을 낳은 Catwoman(2004)과 같은 영화처럼 미디어 '실패작'은 소비자 저항을 보여주는 것이다.

영국 미디어 학자인 John Fiske의 저항 이론은 특히 소비자 파워에 연루되어 있다. Fiske는 두가지 미디어 경제를 언급한다: 한 미디어 경제는 재정적인 것이고 나머지 경제는 문화적인 것이다- 이것은 미디어 경제의 끝이다. 광고가 주요한 동력이다. 청중은 광고 수입을 얻기 위해 재정 경제가 사용하는 상품과 통계이다. 재정 경제와의 직접적인 전투를 벌이는 것이 문화 경제이다-소비자 쪽. 문화 경제는 재정 경제의 이윤을 낳는 의도를 의식하지 못하는 적극적인 소비자에 의해 양산되는 의미와 기쁨에 관한 것이다. 청중은 더 이상 상품이 아니라 저항하는 개인의 살아있는 숨을 쉬는 네트워크이다. Fiske[4)]에 따르면 인기있는 문화는 문화적인 경제로부터 만들어진다. 미디어는 소비자들에게 쇼, 게임, 유명인사, 영화 등등의 모든 방식을 소비자들에게 보여줄 수 있을 뿐만 아니라 소비자들만이 인기있는(수익이 되는) 것과 그렇지 않은 것을 판단할 수 있다.

Fiske는 미디어 소비자와 제작자들이 항상 이와같은 위트, 재치에 관한 영원한 겨루기에 사로잡혀 있어서 최근에 '인기있거나', '실패 했는지'를 예측하는 것이 종종 어렵다고 설명한다. 시장 연구는 사람들이 무엇을 원하는지를 발견하려고 하나 소비자 설문조사는 사람들이 실제 말하고 행동하는 것은 제대로 반영하지 못한다. 그러나 Fiske는 소비자들이 대중문화로 인정하는 미디어 제품에는 공통된 맥락이 있다고 주장한다. 모든 인기있는 음악, 인기있는 TV쇼, 등등은 소비자로 하여금 의미를 즐기고 일상생활의 성쇠에서 자신의 목적에 맞게 그 의미를 이용하도록 허용한다. 다시 말하면, 대중문화 미디어는 대안적인 기쁨과 미디어 제작자들의 이윤을 추구하는 아젠다에 저항하는 용도로 이용된다.

인기있고 무한한 미디어 제품의 좋은 예로 문화 경제에서 '팝 스타'로서 마돈나를 들 수 있다. 문화 경제에서 '팝 스타'로서 마돈나는 그녀의 팬들로 하여금 체제 전복적인 페미니스트와 양성애 아젠다를 확인하게 한다. 물론 재정 경제에서 마돈나는 DVD, 콘서트 티켓, 상품 뿐만 아니라 수백만 개의 CD를 파는 도구에 지나지 않는다. 그러나, 문화 경제에서 마돈나는 젊은 여자, 레즈비언, 게이, 양성애자들을 억압하는 많은 사회의 가부장적인 구조를 종식시키려는 투쟁에서 명목상의 최고 지도자이다.

젊은 마돈나가 현재의 마돈나보다 더 체제 전복적이었다고 말하는 것이 타당하지만(그녀 남편의 '비이성적인 행동'으로 인해 이혼함으로써 최근에 페미니스트 모습에 묘미를 더했지만) 소비자 저항은 마돈나와 같은 진보적인 미디어 인물의 예에 적용되는 것 같다. 그리고 우리는 대안적인 의미와 기쁨에 대한 많은 영역을 제공하지 않고 인기를 얻는 풍부한 미디어 제품을 인용할 수 있었다. The X Factor (2004)와 같은 탤런트 쇼는 시청률이 높은데 매년 같은 방식으로 단조로운 팝 스타를 낳는다. 소비자들이 그들이 가장 좋아하는 공연자에게 투표함으로써 그 쇼의 심사위원들의 의도에 저항할 수 있는 힘을 부여 받을 때에도 그들은 여전히 전화 요금으로 제작자들의 수익에 보탬이 될 것이다. 사실상 할증료가 소비자 파워에 부여된다! 확실히 이와 같은 탤런트 쇼는 문화 경제보다 재정 경제를 위해 더 많이 작용된다. Fiske의 견해에 대한 또 다른 비평은 소비자의 저항이 아무리 강하다고 하더라도 미디어가 생산하려고 하는 것에 있어 소비자의 저항이 사실상 어떤 작용을 하지 못한다는 것이다. 문화 경제는 재정 경제에서의 결정을 내리는데 영향을 미치지만 재정 경제가 첫 포문을 연다.

문화 자본(Cultural Capital)

자본은 금전적인 부를 의미한다. 큰 기업과 기관 투자자들은(다국적 미디어 대기업을 포함한) 자본이 풍부하다. 반대로 다수의 개인은 작은 자본에 접근할 수 있다. 하지만 자본의 개념은 또한 다양한 지식과 교육에 적용될 수 있다-프랑스 사회주의학자 Pierre Bourdieu가 '문화 자본'이라고 부르는 것. Bourdieu는 소비자 기호와 관행을 조명하기 위해서 문화 자본의 개념을 이용한다. 그는 높은 수준의 경제 자본은 정상적으로 높은 수준의 문화 자본과 만난다. 예를 들어, 부유하게 태어난 아이는 가난한 가정에서 태어난 아이보다 더 나은 교육을 받을 것이다. 그러나 우리 자신과 같은 능력중심의 사회에서는 작은 경제적인 자본을 가진 개인이 교육적인 자격을 갖추고 높은 문화 자본을 얻는 것이 가능하다. 예를 들어, 선생님은 지적으로 현명하지만 반드시 부를 부여받는 것은 아니다. 그 연장선상에서 높은 경제 자본을 가진 개인이 낮은 교육능력과 문화자본을 갖는 것도 가능하다. 반 숙련 직종의 사람들이 이와 같은 범주에 들어갈 수 도 있다(배관공을 의미하는 것은 아니다).

Bourdieu는 이와 같이 다양한 경제적 문화적 자본이 소비자가 다른 제품에 대한 취향을 발달시키는 방법을 어떻게 결정하는 지를 보여준다. 그래서 소비자 취향- 옷, 음악, 스포츠 등등-은 단순히 개인적인 선택이 아니다; 그들은 우리가 얻을 수 있는 경쟁적이고 문화적인 자본에 의해 형성된다. 문화자본은 소비에 있어 경제 자본만큼 중요하다. 우리가 운이 좋게도 큰 부를 소유하고 있다고 하더라도, 우리가 필수적인 문화 자본을 소유하고 있지 않다면 돈이 빠른 해결책은 될 수 없다. 대조적으로, 높은 문화 자본을 가진 우리는 오페라나 고전적인 음악 팬들과 한마음으로 완벽히 대화를 나눌 수 있다-우리가 티켓값을 감당할 수 만 있다면.

그렇기 때문에 소비자 파워가 전적으로 경제 자본에 의존하는 것은 아니다. 우리가 어느 정도의 수입을 갖고 있으며 교육을 잘 받았다면 우리는 비싸지 않은 미디어 제품을 최대한 잘 활용할 수 있다. 그러나 Bourdieu는 문화 경제 자본은 상호 배타적인 캐터고리가 아니라는 것을 확실히 했다. 예외도 존재하지만, 대체적으로 그 룰은 확고하고 당신이 특권층 출신이라면 당신은 덜 부유한 사람들보다 아마도 더 문화적으로 능력이 있는 소비자일 것이다. 이것은 부유한 사람들이 Beethoven을 좋아하고 가난한 사람들이 팝을 좋아한다는 말과 유사하지만 더 정교한 표현일 수 있다.

미디어 리터러시(Media Literacy)

Bourdieu의 문화 자본은 '높은' 문화만을 일컬으며 교육적인 능력의 전통적인 측정방법에 의존한다(자격증, 읽기 능력 등). 이것은 Bourdieu가 레벨 A, 졸업장, 학위와 다른 공인된 교육 성과가 교과외 활동보다 사회에 더 중요하다고 믿고 있기 때문이다. 수학을 잘하는 것이 일반 상식 퀴즈에서 이기거나 최상의 케이크을 굽는 것보다 더 중요하다. 전통적으로 문맹은 세가지 R에 관한 것이었다-읽기(reading), 쓰기(writing), 산수(arithmetic). 그러나 오래된 좋은 기관, 평생대학은 문맹은 이 세 가지에 관한 것이 아니라 모든 것에 대해 말하고 실천하는 것을 배우는 것에 관한 것이라고 한다. 그리고 좋은 미디어 소비자가 되는 법을 배우는 것도 간과해서는 안되는 부분이다.

미디어 효과와 연관해서 논의한 것처럼 첫 번째 관심사는 언제나 아이들이다. 무고한 젊은이들은 매일 공급되는 더러운 미디어 폭력으로부터 보존되고 보호받아야 한다. 그러나 미디어 리터러시 관점은 이와 반대다. 미디어는 더 이상 도덕적인 위협이 아니라 교육적인 도구이다. 미디어 기술과 미디어 내용은 중요한 기술과 능력을 연마하게 한다. Children Talking Television(1993)[5]에서 영국의 미디어 학자 David Buckingham은 그가 인터뷰하고 TV를 본 7-12세의 아이들의 미디어 리터러시 기술을 확인한다. 그는 광고자의 의도에 회의적이고 공식적인 프로그래밍 특성(내러티브 구조와 등장인물 스테레오 타입과 같은)을 이해하는 것을 입증했고 자신과 TV연속극의 선정주의로부터 거리를 두었다. Buckingham은 청중에 대한 위험이 있고 미디어 자체를 동질적이라고 결론짓는다. 그러나 논쟁은 점차 두 가지 측면에서 행해진다: 청중의 힘을 단언하는 것은 미디어의 힘을 얻기 위해 경쟁을 벌이는 것이다. 미디어는 강력할 수 있지만 소비자 힘의 가능성을 배제해서는 안된다.

미국의 인기있는 과학자 Steven Johnson의 책 제목 Everything Bad is Good for You(2005)는 미디어 리터러시를 옹호하는 듯하다. Johnson은 인기있는 문화가 너무 복잡하고 지적으로 도전적이어서 우리를 더 영리하게 만든다고 생각한다. 우리는 인기있는 문화와 인기있는 미디어의 교육적인 혜택을 알아차리지는 못한다. 왜냐하면 그 교육적인 혜택이 인지적인 능력으로 점차 스며들기 때문이다. 이것은 Johnson이 'sleeper curve'(대중이 생각하기에 저속하거나 부정적으로 묘사되는 문화가 실제로는 매우 지적이고 긍정적일 수 있다는 발상의 전환)라고 부르는 것과 연관이 있다. 미디어의 나쁜 효과에 대해 열광적으로 말하게 하는 끔찍한 사건이 때때로 일어나지만 좋은 효과는 적게 일어나서 눈을 깜박이면 놓칠 지경이다. Johnson은 미국 TV 드라마를 적절한 경우라고 생각한다. 몇 년 후에 Dragnet(1967-1970)과 Starsky and Hutch(1975-79)와 같은 쇼는 하나의 이야기 가닥을 따르는 경향이 있다. 그 구성을 따르기 위해 작은 노력이 필요했다. 그러나 The Sopranos(1999-2007)와 Lost(2004-)와 같은 현재 쇼는 시청자들에 대해 더 인지적인 작용을 요구한다. 다중적인 내러티브는 이 수수께끼 같은 프로그램의 에피소드를 통해 이루어지며 세부사항을 충족시킬 것을 강요하며 무능한 소비의 구덩이에서 타락하게 된다.

미디어 리터러시는 미디어를 비판적으로 보고 읽고 소비하는 것에 관한 것은 아니다. 미디어 리터러시는 창조, 생산, 감독, 쓰기와 편집하기의 능력을 언급한다. 웹사이트를 디자인하거나 영화를 상영하기 위해 필요한 기술은 대학 밖의 실세계에 있어 정말 가치 있는 일이다. 미디어 리터러시는 분석하는 것 만큼 많다. 연구는 카메라와 편집 장비를 구비시켜 주고 훈련받지 않은 개개인의 리터러시 기술을 테스트하려고 했다. 연구 결과에 따르면 평범한 사람들 조차 시각적으로 극적인 미디어 생산에 있어서 달인이 될 수 있다. 그리고 그것은 지금 공식화 되어있다-BBC를 위해 일하기 위해 Oxbridge 학위가 필요 하다는 생각은 잘못된 생각이다. 불행히도(문화자본으로 되돌아가면), Oxbridge가 당신이 있어야 할 곳일 수도 있다.

프로슈머(The prosumer)

소비자 파워에 있어 가장 최근 이슈는 '프로섬션(prosumption)' 이다. 프로슈머는 진정한 소비자라기 보다는 소비자인 동시에 생산자이다. Wikinomics(2007)에서 사업 컨설턴트인 Don Tapscott과 Anthony D Williams는 프로섬션이 성공적인 일에서 중요한 요인이라고 생각한다. 회사가 소비자들이 통제하고 있다고 느끼도록 할 필요가 있다는 주장이다. 회사가 주요한 사업으로 성장하기를 바란다면 소비자는 제품과 서비스의 생산에 기여하며 공동으로 참여한다. 미디어와 커뮤니케이션 산업은 소위 프로슈머 혁명의 선두에 있었다. eBay와 같은 인터넷 비즈니스는 리스트와 코미션료(PayPal요금 뿐만 아니라)로부터 이윤을 창출하기 위해 프로슈머 거래(제품을 사고 파는 것)에 달려있다. 뉴 미디어 기술을 통해 생산적인 소비의 장을 제공함으로서 보통 사람들에게 권한을 부여하는 이 회사들은 더 전통적이고 계층적인 업체를 희생해서 확장하고 번영해 간다.

프로슈머는 우리 시대의 산물이다. 프로섬션은 생산자와 소비자를 포스트포드주의 서비스 경제에서 어떻게 구별하기 어려웠는지를 포착한다. 대량생산은 소비자 욕구에 맞추어진 기술적인 생산에 의해 대체되었다. Fiske의 적대적인 소비자 저항의 개념과는 달리 프로섬션은 생산자와 소비자가 같은 목적을 향해 일한다고 생각한다. 생산자는 소비자를 만족시키고 소비자는 생산자에 의해 만족되기를 바란다. 일부 프로슈머리스트는 프로섬션이 생산자와 소비자사이의 오래된 분열을 봉합했다고 주장하곤 했다. 우리 모두는 지금 사용자이다!

그러나 우리 가운데 더 냉소적인 사람들은 이것이 현대 경제에 대한 논란의 여지가 있고 이상적인 전망이라고 주장한다. 프로섬션을 비판하는 사람들에 따르면 우리가 소비자로서 하는 대부분의 일은 우리자신을 위한 것이 아니라 생산자의 이익을 위한 것이다. 개개인으로서 우리는 생산적인 목적을 위해서 eBay에서 사고 파는 것이 사실이지만 eBay와 PayPal은 건전한 이윤 이상을 필요로 할때 장기적인 판매 수익을 위해서 우리 개인의 데이터를 관련이 있는 회사에(특히 광고업자) 판다. 이런 측면에서 프로섬션은 우리가 실제로-모든 의도와 목적에 있어-점차 정교해지고 부지불식간에 영향을 미치는 마케팅 계책의 희생자가 된 것을 우리가 알아차리지 못할 때, 우리로 하여금 무엇이든 할 수 있다고 느끼게 하는 소비를 의미한다.

V 정치 경제

5

정치 경제

매스 미디어 산업과 기관에 대한 정치 경제 접근법은 완전히 소비자 파워에 반대한다. 지금 우리가 다루고 있는 것은 소비자가 아니라 회사 파워이다. TV에 유명한 목재 염색 광고를 따라해 보자면 정치 경제는 깡통에 쓰여진 대로 정확하게 실천한다. 이와 같은 미디어 연구는 미디어 기관과 미디어 경제의 정치에 관한 것이다. 권력, 부, 소유권과 통제의 문제가 정치 경제에 중요하다. 정치 경제는 고전적인 마르크스주의에 맞추어져 있다. 고전적인 마르크스 이론은 자본주의 사회에서 부의 불공정한 분배를 형성하는데 있어 원자재와 생산수단의 소유권에 대한 분쟁을 근본적인 것으로 간주한다. 그렇기 때문에 생산의 힘(노동)과 관계(자산과 권리)를 통제하는 사람들은 힘 없는 대중에게 자기 중심적인 생각과 원칙을 행사하는 자본주의 특권층을 나타낸다. 이와 같이 미디어 제작의 힘과 관계를 소유하고 있는 사람들은 당대의 정치 경제적인 아젠다를 전파하는데 핵심적인 역할을 한다. 생산이 불가피하게 소비를 결정한다. 그래서 정치 경제는 미디어 기관의 구조와 관행에 관한 것이다-그리고 이 구조와 관행이 결과적으로 재정과 소비에 어떤 영향을 미치는가에 관한 것이다.

문화 산업(The cultural industries)

미디어는 다양한 모습으로 예술, 디자인, 극장, 박물관, 광고, 출판과 더불어 문화 창조 산업과 연관이 있다. 미디어가 산업적이라고는 잘 묘사되지 않지만 그럼에도 불구하고 미디어는 철, 석유 수송과 건설등의 전통적인 산업과 같은 자본주의 경제 상황에서 작용한다. 이를 근거로 마르크스주의 정치 경제학자는 자본주의가 미디어 생산과 소비를 총괄하는 중요한 논리라고 생각한다.

독일의 마르크스주의 이론가인 Theodor Adorno는 문화 산업에 대하여 복수로 쓰지 않는다. Adorno는 문화 산업은 소비자들을 정치 활동주의와 산업 진보주의로부터 시선을 분산시키기 위해 고안된 값싼 미디어 엔터테인먼트의 거대한 공장 라인이라고 생각한다. Adorno의 문화 산업의 특징은 획일화이다. 미디어와 문화 산업의 다른 구성성분에 의해 만들어진 모든 것은 소비자 중 별볼일 없는 일반 대중을 겨냥하기 위해 획일화되었다. 상업적인 성공의 논리가 생산된 제품의 예술적, 지적 자질을 고려하는 것을 대체한다. 그래서 과거에 '인기 있다'고 입증된 양식이 다음의 할리우드 로망스, 최신 차트 발표, 내일의 태블로이드 헤드라인, 최신 비디오 게임 등을 위해 재생되고 재포장된다.

그러나 왜 많은 소비자들이 계속해서 획일화된 헛소리를 듣기 위해 되돌아올까? Adorno는 Dialectic of Enlightment(1972)[6)]에서 사람들은 일상에서 에너지와 열정을 모두 소진시키기 때문에 노래든 영화든 혹은 다른 어떠한 것이든 그들에게 즐거움으로 남으려면, 그들에게 어떠한 노력도 요구해서는 안되기 때문이라고 했다. 독립적인 사고를 청중으로부터 기대해서는 안된다: 제품이 모든 반응을 규정한다. 간단히 말하면 숙련되지 않은 일은 숙련되지 않은 산업의 레저 타임으로 이어진다. 그렇기 때문에 직장 안팎에서 자본주의의 절대적인 힘에 의해 사람들의 요구가 생겨나고 또 통제를 받는다. Adorno는 Benjamin과 Brecht와 같은 표준화와 파시즘과의 관계를 지적하는 나치 독일 정부 하에서 살았다. 그러나 Adorno의 문화 산업은 매스미디어 산업의 독일 기술보다 미국의 기술에 더 가깝다. 이와 같은 문화 산업은 쉽게 듣고 쉽게 보고 사람들에게 카타르시스를 제공하기 위해 만들어진 감정적인 유흥을 낳고 경제적이고 정치적으로 힘 있는 사람들을 즐겁게 해주고 그들의 운명에 만족하고 졸려하다가 좋은 수면을 취한 후 사무실이나 농장, 혹은 공장에서 내일의 일을 위해 재충전하게 함으로서 권력층의 이념적인 이익에 이바지한다.

Adorno는 획일화 이론을 대중 음악의 생산과 소비에 적용시켜서, '진지한 음악(즉, 클래식)'과 비교한다. 진지한 음악(즉, 클래식)은 전체가 부분의 합보다 더 클 때 우수하다고 할 수 있다. 그러나 대중 음악에서 '전체'는 모든 '잘 만들어진' 히트곡에 공통으로 들어있는 획일적인 노래 구조이다. 인기 있는 노래의 개별적인 부분(코러스와 노래)은 다른 노래의 부분과 상호 교환이 가능하다. 왜냐하면 각 부분은 음악과 대체로 연관이 없기 때문이다. Adorno에 따르면, 대중 음악 산업은 소비자의 개별적인 욕구를 충족시키기 위해서 아티스트의 창의성을 부적절하게 보여주고 그 아티스트를 팝아이돌로 마케팅 함으로서 대중음악의 획일화된 구조를 숨긴다.

이것은 Adorno가 '유사-개별주의화'라 일컫는 것이다-음악이 이윤을 추구하는 제작사들에 의해 만들어지고 대량 소비를 위해 포장될 때, 음악이 개인의 기쁨을 위해 개인의 천재성에 의해 만들어지는 척 하는 것을 일컫는다. 더군다나 팝 음악은 소비자들을 표준화하여 분류한다. Adorno는 두 가지 유형을 확인한다: 침실로 들어가서 그들의 비참한 삶에 대해 가장 좋아하는 밴드의 노래를 들으며 생각에 잠기는 '감정적인 유형'과 춤을 추고 그들의 발을 굴리고 비트를 놓치지 않지만 더 지적으로 자극적인 많은 행동을 슬프게도 놓치는 '리듬에 순종적인' 유형이 있다.

아마 Ardorno가 문화적인 염세주의로 인해 종종 비판 받는 것은 놀라운 일이 아니다. 그의 견해는 상황에 대한 나쁜 미디어 효과의 '자극-반응' 관점과 유사하다. 최근에 하나의 단일한 문화 산업에 대한 그의 생각은 다양하고 활기찬 문화 산업에 의해 도전을 받았다. 사실, 영국과 미국과 같은 나라의 문화 산업은 국가의 경제에 상당히 기여한다. 오늘날의 문화 산업에 대한 연구에 따르면, 문화 산업이 자본주의자들의 획일화 과정과 반드시 연관이 있는 것은 아니라고 한다. 대조적으로, 많은 최첨단 작업은 이윤추구의 동기나 정치적인 압력에 의해 비교적 제약을 적게 받는 창의적인 제작사에 의해 만들어진다. 문화 산업은 이전 보다 더 소비자 대면적이고 그들의 제품을 소비자의 요구에 맞추고, 이윤 추구와 소비자 만족이 어떻게 같이 갈 수 없으며 오히려 반대로 서로 얽혀 있는지를 보여준다. 궁극적으로, Adorno의 진지하고 고전적인 문화와 인기있고 상업적인 문화간의 구별은 다소 엘리트주의적인 것이다. 진지한(클래식) 음악 소비자의 획일화된 유형이 존재할 가능성은 그의 생각 밖이다. 그러나 이런 약점에도 불구하고, Adorno의 문화 산업 획일화에 대한 생각은 미디어에 대한 차후의 정치 경제적 관점이 가능하다는 풍조를 만들었다.

공공권(The public sphere)

독일 사회학자 Jurgen Habermas의 The Structural Transformation of the Public Sphere(1962)는 Adorno로부터 힌트를 얻었다. Habermas는 지적인 시민으로 구성되어 있는 공공권이 정치, 경제, 도덕성과 다른 강력한 관심 사항에 대한 중요한 논쟁에 더 이상 참여할 수 없다고 주장한다. 18세기 권력 투쟁의 중심지였던 런던과 파리의 커피숍과 사회 클럽에서 그런 중요한 논쟁과 정치적인 의미는 더 폭넓다. 중산층의 학계, 사업가, 은행가, 상업에 종사하는 사람들은 지배층인 귀족들과 생생한 대화를 즐길 수 있고 그들의 지도층 인사들에 의한 결정과 정책에 영향을 미치곤 했다. 이제 그런 시기가 지나갔으며 중요하게 신경쓰이는 공공권은 거의 사라졌다.

공공권의 쇠퇴는 19세기와 20세기 동안의 대중 미디어의 성장에 비례한다. Habermas는 빠른 미디어 성장이 시장을 침식했고 공공권 지식인들에 의해 쓰여진 소규모 팜플렛과 소식지를 몰아냈다고 주장한다. 신문사들이 등장했고 서로 간의 합병으로 경제적이고 기술적인 기량을 결합하였고 시장 점유율을 높여갔다. 더 나쁜 것은 TV와 라디오의 등장이 사적인 영역을 공공권으로부터 분리시켰고 조직화된 사회 정치 활동 참여에 불리하게 영향을 미쳤다. 여전히 정치 논쟁은 오늘날의 미디어에 방송되지만 Habermas는 논쟁의 비판적인 논조가 사라지고 더 이상 공공의 관심사에 대해 말하지 않는다고 한다. 미디어와 다른 자본주의 기관 덕택에 개인과 공공권을 연결하는 연결고리는 완전히 끊어졌다.

Habermas는 광고와 PR에 있어서 공공권의 쇠락을 비난한다. 광고가 미디어 사고방식을 지배하기 전에 Habermas는 미디어 기관이 세상이 어디로 향하고 있는지, 사회의 불평등을 해결하는 방법, 삶의 의미 등에 관한 냉철한 이념적인 논쟁에 가담해야 한다고 주장한다. 그러나 광고 산업이 진지한 저널리즘에 위협을 주기 시작하자 미디어 산업은 쇠락하게 되고 이윤의 동기는 모든 다른 고려사항들을 대체했다. 광고하는 사람들을 화날 정도로 위협하는 '일대일로 인터뷰하는 채널'은 미디어 업체 종사자들에 의해 곧 없어졌다.

그러나 광고보다 PR의 관행이 더 분열을 초래한다. 왜냐하면 PR은 본질적으로 사설로 위장한 광고이기 때문이다. PR사설은 지나간 공공권에 대한 생각을 전파하는데 있어 중요한 역할을 하는 비판적이고 독립적인 사설을 침식해갔다. 저널리스트가, 소작농이 한때 귀족의 권위에 인사했던 것과 같은 방법으로 PR팀에 인사할 때, 상업적인 자본주의의 노예가 되었다. 이와 같은 현상을 Habermas는 공공권의 '재봉건화'라고 부른다-몇몇 부유한 개인, 회사와 정치 그룹의 사적인 이익은 우리를 지적이고 강력한 소비자가 아니라 아무 생각이 없는 바보로 취급하는 가짜 미디어 공공권에 의해 충족되었다.

미디어 제국주의(Media Imperialism)

순수한 의미에서 제국주의는 정치와 군사력에 의해 서로서로를 침략하고 식민지화시키는 과정이다. 이와 달리, 미디어 제국주의는 국가가 미디어 커뮤니케이션을 통해 서로의 문화적인 가치를 지배하고 통제하게 되는 과정이다. 최근에 물론 미국의 미디어 제국주의는 전세계적으로 날개를 폈다. 할리우드 영화 및 *Frasier*(1993-2004)와 *24*(2001-)와 같은 TV쇼가 인기있는 것처럼 미국의 대중 음악도 거의 모든 곳에서 팔린다. 그러나 1차 세계대전 전에 주요한 미디어 제국주의 국가는 영국과 프랑스였다. 프랑스는 영화를 대중들의 의식에 처음으로 소개한 나라이며 영국 방송사의 국제팀(BBC World Service)은 지도책의 네 대륙의 구석구석까지 영어를 전파시키는 데 기여했다.

그러나 두 번의 세계대전의 결과는 영국과 프랑스의 파워를 줄이고 미국의 미디어 지상주의를 위한 길을 닦게 도와주었다. 획기적인 변화에 대한 세미나적인 설명은 미국의 사회주의자 Herbert Schiller의 Mass Communications and American Empire (1969)[7]에서 살펴볼 수 있다. 미국은 우수한 정치 경제 강대국으로서 세계 2차 대전에서 도약한 것처럼 또한 강력한 미디어와 문화적인 권력으로서 등장했다. 이런 점으로부터 Schiller는 '미국의 전자 커뮤니케이션에 의한 충격적인 침입'을 확인한다. 할리우드는 이미 1930년대에 세계적인 영화 산업의 중심에 자리잡았다. 그러나 다른 나라의 미디어 정책과 관행에 영향을 미친 것은 상업 방송의 미국 모델이었다. 영국과 다른 유럽 국가들이 받아들인 공영 방송 모델은 곧 상업 TV와 라디오에 의해 도전을 받았고 결국 압도당했다. Schiller에 따르면 미국 미디어 상업주의에 굴복한 예로 1954년 영국에 독립 텔레비전(ITV)의 등장을 을 들 수 있다. Schiller는 그런 발달을 애통해하며 영국과 같은 나라가 견잡을 수 없는 미국 자본주의 경제의 완전한 광고 중심의 힘에 무너졌다고 주장한다.

그러나 유럽의 미디어 시스템은 미국의 미디어 제국주의의 최악의 희생양은 아니었다. 아프리카, 남미, 아시아 등의 개발도상국은 미디어 방송시간을 채우기 위한 값싼 프로그램 내용을 요구했고 미국은 그 나라에 TV를 수출하고 전세계 수백만의 가정에 미국식 영어와 삶의 방식을 전파했다. 이와 같이 수출된 미디어는 미국의 방송 기준에 영향을 받은 해외 상업 방송국의 스케줄에 맞추었다. 그래서 Schiller는 많은 나라의 TV와 라디오 네트워크가 미국의 미디어 수출이 광고와 제품 간접 광고(PPL)를 통해 미국산 제품의 판매를 증진시키고 미국 소유의 다국적 기업에 새로운 시장을 열 정도로 미국에 있는 네트워크와 유사한 라인을 따라 어떻게 발달했는지를 보여준다.

미국 미디어 제국주의의 세계적인 파워는 반박할 수 없으나 Schiller와 다른 정치 경제학자들이 이와같은 제국주의의 난처한 상황을 액면가로 수용하는 것에 있어서는 비판을 받았다. 미국 TV 시리즈물인 Dallas(1978-1991)에 대한 관객 연구는 소위 제국주의자 아젠다에 대한 문화적인 저항을 반대로 입증한다. 미국 사회주의자 Tamar Liebes와 Elihu Katz는 The Export of Meaning(1990)[8]에서 다른 국적과 민족성을 가진 Dallas 시청자들과 인터뷰를 하고 Dallas에 묘사된 미국의 문화 가치가 프로듀서나 미국 사회의 헤게모니적인 이익에 어떻게 부응하고 있는지에 관해서 많은 사람들이 비판적인 견해를 갖고 있다는 사실을 발견했다. 많은 나라에서 Dallas가 인기 있었지만 세계 일부에서는 Dallas를 거부하였고 일본에서는 완전히 비현실적이고 억지로 꾸며낸 이야기라고 치부했다.

또 다른 청중에 관한 연구, 네덜란드의 문화 이론가인 len Ang의 Watching Dallas(1985)에서, Ang은 TV 시리즈가 동일하게 사랑받고 혐오 받는다고 생각했다. 어떤 시청자들은 Dallas가 미국 문화의 잘못에 대한 의견을 강화시켰기 때문에 Dallas를 싫어했다-회사 자본주의의 탐욕, 남성 우월주의, 가족 가치 무시, 성적인 난교 등. 그러나 Dallas를 좋아하는 시청자들이 미국화의 너그러운 매력에만 빠진 것은 아니라고 Ang은 주장한다. Dallas를 좋아하는 시청자들은 현실과 허구를 명백히 구분하고 Dallas가 덜 극적인 자신의 삶으로부터 일시적으로 벗어날 수 있게 해 줌으로서 그들은 허구적인 현실주의에서 즐거움을 느꼈다.

그래서 미국 미디어의 해외 수출의 성공이 반드시 무비판적인 청중에 대한 자본주의의 침입을 의미하는 것은 아니다. 미국의 다양한 '멜

팅 팟' 인구는 미디어 생산자들에게 다국적인 성공을 위한 최상의 실험장을 제공한다. 미국 미디어 제국주의의 열병에 관한 문제는 제국주의자 급습을 무시하려는 경향에 관한 것이다. 일본과 일본인들이 현재 소유하고 있는 소니 미디어와 전자 제국은 게임, 만화 휴대폰과 같은 분야에서 기술의 혁신자가 되어왔다. 미디어 기술 혁신에 있어 다른 주요한 전자 관련 기업인 삼성은 한국에 기반을 두고 있다. 미국의 미디어 제국주의에 대한 생각에 의문을 던지는 또 다른 미디어 산업에는 급성장하는 인도 영화 산업; 거대하고 (현재와 미래) 국제적으로 중요한 언어인 만다린어의 팽창과 함께 중국 미디어와 영화 산업의 성장; Qatar에 기반을 둔 Al jazeera와 같은 주요한 비-서구 뉴스 기관의 등장이 포함된다.

선전 모델(The propaganda model)

미디어 제국주의 접근법과 유사하게 미국의 Edward Herman과 유명한 언어학자 Noam Chomsky(Manufacturing Consent, 1988)는 미디어가 내적으로 정부의 정책과 회사의 결정을 어떻게 지지할 것인가에 대한 '선전 모델'의 아웃라인을 그린 동시에 이에 반대하는 목소리를 잠재웠다. 미디어는 비교적 민주주의 사회에서 국가의 간섭으로부터 자유롭다. 그러나 Herman과 Chomsky는 미디어가 현재 문제를 보도하는 방법에서 중립적이고 편견이 없다는 것을 결코 의미하지는 않는다고 주장한다. 선전 모델은 다섯 개의 '뉴스 필터'로 구성되어 있다:

1. 매스미디어의 크기와 소유권: 대부분의 미디어 회사는 완전히 혹은 부분적으로 많은 자본을 다양한 사업에 투자하는 주요한 회사에 의해 소유된다. 이것은 새롭고 대안적인 미디어 기관이 Time Warner와 Viacom과 같은 거대한 회사 네트워크를 돌파하고 도전할 영역은 작다는 것을 의미한다. 이와 같이 거대한 미디어 사업은 그들의 사업에 동의하기 위해서 정부와 현존하는 거대한 기업에 의존한다. 그래서 왜 그들이 정치와 국제 문제에 대해 정부의 관점에 동의하는 방법으로 보도하는데 열을 올리는지(열중하는지)를 이해하기는 어렵지 않다.

2. 광고가 미디어 사업을 하게 해 준다: Herman과 Chomsky는 수입을 위해 광고에 의존하는 상업적인 미디어 기관이 그들의 제품을 부유한 청중(즉 광고주를 위한 이상적인 청중)에 맞추는 경향이 있다고 한다. 미디어 기관이 경제적으로 부유하지 않은 청중을 맞추려고 하면 소비력이 부족한 청중을 위한 광고 지면에 기업이 투자 하지는 않을 것이기 때문에 그들은 차별을 받는다. 그래서 미디어 평판은 저널리스트나 생산자들보다는 광고주에 의해 좌우된다.

3. 뉴 미디어 소싱(sourcing): 우리는 대부분의 뉴스를 백악관이나 영국의 수상 관저와 같은 공적인 출처로부터 제공 받는다. 이와 같은 출처는 믿을만하고 접근 가능한 뉴스의 공급자이기 때문에 미디어 기관에 의해 특별한 지위를 부여 받는다. 미디어가 반대 의견을 제시하는 친숙하지 않은 출처를 마지못해 찾을 때, 본질적으로 선전이 되는 것을 만들어내는 공식적인 출처에 어떻게 많이 의존하는지를 Herman과 Chomsky는 보여주고 있다.

4. 비난(Flak): 이와 같은 뉴스 필터, 비난은 불공정과 객관성을 파괴하는 것으로 여겨지는 미디어 기관에 행사하는 정부와 회사의 압력의 형태로 발생한다. 미디어가 수입과 컨텐츠를 위해 강력한 상업적 정치적 기관에 의존하는 사실을 고려해 본다면 '편견'과 '악행'에 대한 혐의가 그 기관과 연관이 있을 때 미디어

는 그 기관의 압력에 굴복할 것 같다.

5. 반 공산주의 이념: Herman과 Chomsky는 특히 미국에서 반 공산주의 이념이 정부와 기업이 사회의 불평등을 확장하는 분열적인 자본주의 정책을 정당화하는 통제 메카니즘이라고 주장한다. 서양의 대중 미디어가 국가의 정치를 많이 따라가는 것처럼 반 공산주의는 재고없이 정치 뉴스 보도로 스며들게 된다.

이런 선전 모델은 미디어 연구에서 정치 경제 전통을 새롭게 조명해 왔다. 그러나 이 선전 모델은 정부와 대기업이 미디어를 통해 선전할 때 같은 이익과 목적을 공유한다는 단순한 가정으로 비판을 받아왔다. 그들은 반드시 의견 일치에 이르는 것도 아니며 이러한 생각은 보편적이지도 않다. 강력한 엘리트 집단은 권력적이지 않은 사람들이 차별화를 위해 노력하는 것과 같은 방법으로 정치와 경제적인 의견의 차이를 갖고 있다.

소유집중과 복합기업화(Concentration and Conglemeration)

강력한 기업은 경제적인 영향력을 강화시키기 위해서 소유집중과 복합기업화에 몰두한다. 소유집중은 소유권이 몇몇 주요한 회사에 집중되는 것을 가리킨다 (e.g. 음악 산업은 Sony, EMI, Warner, Universal과 같은 네 개의 주요한 회사가 지배한다). 대기업화는 몇몇 분야에서 동시에 작용하는 회사에 주어진 명칭이다 (e.g. 미디어, 음악, 출간, 소매, 접대 등등). '매스 커뮤니케이션의 정치 경제를 위해서'라는 에세이에서 영국 사회주의자인 Graham Murdock과 Peter Golding은 소유집중과 복합기업화는 세가지 과정-통합, 다양화, 국제화-에서 비롯된다고 한다.

통합은 수평적이거나 수직적일 수 있다. 수평적인 통합은 기업이 같은 일을 하는 회사를 사거나 통합할 때 일어난다. 예를 들어 수평적인 통합은 케이블 회사가 경쟁사에 투자함으로써 시장에서 위치를 공고히 해서 비용을 줄이고 공유된 자산을 극대화시키는 것에 해당된다. 최근에 영국에 근간을 둔 Virgin Media는 미디어 커뮤니케이션의 경쟁이 치열한 부분에서 재정적인 위치를 공고히 하기위해서 두 개의 더 작은 회사인 NTL과 Telewest와 합병함으로써 수평적으로 통합하였다. 반면 제작 과정 중 한 단계(e.g. 스튜디오 제작)에 참여하는 회사가 기업인수와 합병을 통해 분배, 하드웨어, 제조와 같은 다른 단계로 활동을 확장해 갈 때 수직적인 통합이 일어난다. 주요 미디어 기업에서는 수평적이고 수직적인 통합이 활발히 일어난다.

다양화는 복합기업화와 유사한 개념이다. 예를 들어 Walt Disney사는 영화 스튜디오, TV와 라디오 네트워크, 인터넷 운영, 음악 출간, 테마 공원과 휴양지, 장난감과 같은 다양한 상품을 가지고 있다. 통합처럼, 다양화는 기관적인 투자로 인한 주식대량보유와 일반적으로 더 연관이 있지만 인수 합병과도 연관이 있다. 그래서 다양한 복합기업들은 그들이 흥미를 갖는 모든 회사를 소유하는 것이 아니라 일반적으로 주식에 막대한 자산을 투자함으로써 이 회사를 효과적으로 통제할 것이다. Murdock과 Golding은 또한 특정 분야에 대한 경제적인 위축에 의해 생겨난 손실을 축소하는데 있어 다양화의 중요성을 강조한다. 그래서 많은 신문사가 이윤을 내지 못할 때 그 신문사를 대기업이 소유하고 몇몇 미디어와 엔터테인먼트 사업으로 다양화함으로써 신문사는 살아남는다. 그래서 이와같이 손실이 발생하는 사업의 비용을 부담할 수 있다.

그 다음 국제화도 있다. 예를 들어, Rupert Murdock의 News

Corporation은 MySpace와 같이 영화, 신문, 인터넷 사업 뿐만 아니라 세계 몇몇 다른 지역에서 TV 네트워크를(미국의 Fox TV, 영국의 Sky, Sky Italia, 오스트레일리아의 Foxtel, 아시아의 Star TV) 소유하고 있다. 소유집중과 복합기업화는 나라와 대륙별로 다른 이름으로 알려져 있지만 세계적인 미디어 브랜드를 키워나가는 것에 달려있다. 통합, 다양화, 국제화는 효과적인 회사 시너지와 거대한 재정적인 수입을 가져오기 위한 레서피를 제공한다. Murdock과 Golding에 따르면 경제적인 집중과 기업화의 패턴에 있어서의 문제는 힘이 여러 기업이 아니라 소수의 기업에 집중되어서 경쟁을 제한하고 지배적인 정치, 경제 질서에 도전하는 대안적인 목소리를 제한한다는 것이다. 그렇지만 미디어 제작에 있어 상업적인 이유로 인한 결정과 정치적으로 동기화된 결정사이에는 직접적인 인과관계가 없다고 주장하는 반대 의견도 있었다. 예를 들어 Sky에서 영국의 프리미어 리그 축구 보도는 News Corporation의 정치, 경제 견해를 그대로 따르지는 않는다.

Ⅵ 재현(Representation)

6

재현(Representation)

재현은 미디어 파워에 관해서 정치와 경제를 따르지만, 재현은 자본주의 미디어 제작의 힘에 관한 것이 아니라 제작된 것으로부터 의미를 구현하는 미디어의 힘에 관한 것이다. 그래서 재현은 미디어 '텍스트'를 연구하는 방법(영화, 음악, TV쇼, 웹사이트 등)을 제공하는 반면 정치 경제는 회사 기관의 이익에 의해 결정되는 텍스트를 고려한다. 이런 기본적인 의미의 재현은 실제 사물, 사람, 장소, 사건 등등을 묘사하는 과정이다. 간단히 말하면, 재현은 실제를 표현하는 것이다. 그리고 미디어가 재현에서 가장 중요한 공급자들이라는 것은 두말 할 필요가 없다. 우리가 특별히 여행을 많이 하지 않는다면 대부분의 세계는 미디어 재현을 통해 우리에게 인식되는 것이다. 나는 내 눈으로 진짜 부탄을 본 적이 없다. 그러나 TV다큐멘터리와 여행서적을 통한 부탄의 재현은 부탄과 부탄사람들을 개인적으로 이해할 수 있도록 해주었다.

그러나 재현은 실제를 반영하는데 있어 거울처럼 완벽하지는 않다.

영국의 문화 이론가인 Stuart Hall은 어떻게 실제 의미가 결코 고정되지 않고 항상 경쟁적일 수 있는지를 보여준다. 결국, 그런 측면에서 실제 부탄이나 실제 오스트레일리아나 실제 영국은 어떤 의미인가? 여행 에이전트들은 그것을 약속할 수 있지만 우리 모두는 공허한 약속이라는 것을 알고 있다. 우리는 '실제' 자신을 경험 할 필요가 있다. 그렇기 때문에 실제가 항상 개인의 경험과 해석의 문제라면 실제와 재현사이의 분명한 구별은 없어질 것이다. 그러나 혼란스럽게도, 실제 세계에 대한 우리 자신의 개인적인 경험과 해석은 미디어가 공급하는 실제의 재현에 많이 의존한다. 그래서 재현은 실제 사건 후에 일어나는 것이 아니라 우리가 해석하는 실제의 부분이다. 재현은 실제를 재현 할 뿐만 아니라 그 실제가 의미하는 것에 기여한다.

재현과 실제가 상호 배타적이지 않고 고정된 의미를 나타내지 않는 한 모든 사람이 현실에 대한 자신의 재현을 자유롭게 해석하는 무정부상태를 가정하는 것은 옳지 않다. 반대로 우리 대부분은 공유된 믿음, 공유된 언어, 공유된 희망과 갈망, 공유된 화폐를 갖고 사회에서 살고 성장한다. Hall은 이 공유된 문화가 우리의 삶에서 우리가 해석하는 (실제와 표현된) 의미를 함께 이해할 수 있도록 도와 준다. 그래서 현재의 예를 확장해 보면, 부탄에 대한 미디어의 표현은 비슷한 문화적인 배경의 사람들에게 비슷한 의미를 가진다. 부탄사람들은 그들 자신의 나라에 대해서 미디어가 다른 문화권의 사람들에게 아주 다르게 재현하고 부탄에 대한 실제 지식이 부족하다는 것을 확실히 이해 할 것이다. 그러나 대체로 태국, 미국, 독일과 다른 국적의 사람들처럼 고대 영국인들은 부탄이 그들에게 의미하는 것에 대한 공유된 견해를 가질 것이다. 그래서 다른 문화에서 그와 같은 '현실'을 재현하는 미디어는 그들 내에 단단히 자리잡고 있는 의미와 중요한 관계가 있다.

기호학(Semiotics)

공유된 문화와 미디어가 정한 범위안에서 의미(실제와 재현된)를 해석할 때 의미를 찾아내는 방법이 필요할 것이다. 기호학-기호에 대한 학문-이 그 방법이다. 기호학은 실제 세계와 우리가 그 세계를 재현하기 위해 사용하는 언어 사이에 직접적인 관계가 없다고 간주한다. 예를 들어 '눈'이라는 단어는 하늘에서 떨어지는 차갑고 솜털같고 하얀 물질에 적용하는 의미이다. 실제 눈과 언어적인 용어 '눈'은 당연히 서로 연관이 없다. 우리가 눈의 문화별 다른 의미에 대해 생각해보면 실제와 언어적 용어가 관련이 없다는 것을 입증할 수 있을 것이다. 영어에는 이 차갑고 솜털같은 하얀 물질을 언급하는 단어('snow')가 있지만 에스키모인들은 32개의 개별적인 의미 부분을 눈에 적용시킨다. 그래서 눈은 처음에 상식의 문제일 수 있지만 다른 사람들에게는 다른 것을 의미하기도 한다. 기호학에 따르면 그렇기 때문에 의미는 언제나 언어적으로 해석되고 결코 자연적으로나 보편적으로 실제하는 것은 아니다.

기호학에 대한 기본적인 양식은 두 가지 구성요소, 기표와 기의로 이루어져 있으며 함께 기호(단어나 이미지와 같은 의미의 기본 단위)를 만들어낸다. 'snow'가 영어로 구별되는 의미를 갖기 위해서 'snow'는 그 언어 시스템에서 모든 다른 기호와 의미상 구별되는 기호로 작용해야 한다. 그렇지 못하면 그 언어체계는 스스로 붕괴한다. 그러나 다행히도 그 언어체계는 일반적으로 작동된다. 그래서 눈의 기표(음성적 어휘적 특성-'s-n-o-w')가 눈이 의미하는 것(차갑고, 솜털같고, 하얀 물질)과 함께 그 기호 'snow'를 모든 다른 기호와 다르게 만든다. 다른 한편 에스키모는 눈에 그들의 의미를 주는 32개의 구별되는 기호를 사용한다. 그러면 우리는 'snows'라고 해야하나?!

중요한 것은, 기호학이 이 기본적인 언어의 의미를 해석 할 수 있다는 것이다. 프랑스 문학 비평가인 Roland Barthes는 Mythologies (1957)[9]에서 프랑스의 대중문화에 대해 작업하기 위해 기호학을 이용한다. Barthes는 사물의 언어적인 의미가 더 깊은 문화와 정치적인 중요성을 어떻게 충분히 포착하지 못하는지를 밝히는 두 번째 의미화 과정을 '신화'라고 정의한다. 특히 미디어 재현은 신화 창조에 크게 기여한다.

미디어의 신화 창출에 대해 Barthes의 가장 잘 알려진 분석은 Paris-Match라는 프랑스 잡지의 앞표지를 기호학적으로 해석한 것이다. 그 프랑스 잡지는 군복을 입고 프랑스 국기를 쳐다보고 경례하는 흑인 소년을 묘사하고 있다. Barthes는 이 이미지(즉 기호)를 언어와 신화로 읽고 있다. 언어(첫 번째 의미화) 단계에서 그 이미지는 프랑스에 경례하는 흑인소년을 재현한다. 그러나 신화(두 번째 의미화) 단계에서는 이 이미지에 대한 더 많은 해석이 가능하다. 신화로서 Barthes는 이 이미지가 '프랑스는 위대한 제국이다, 모든 프랑스의 아들은 피부색의 차별 없이 국가를 위해 충성한다'는 것을 의미한다고 한다. 자랑스러워하는 흑인 병사의 이미지는 프랑스가 동등한 기회를 부여하는 다문화 국가라는 신화를 나타낸다-그리고 프랑스가 외국을 강압적으로 식민지로 만든 역사를 숨긴다. 명확히 언어와 신화로서 이 이미지가 의미하는 것은 그 이미지가 다르게 이해될 경우 나타낼 수도 있는 많은 다른 이미지와 그 이미지가 어떻게 비교되는냐에 따라 달라질 수 있다. 그 이미지의 소년이 흑인이 아니라 백인이라면 그 이미지의 의미 또한 완전히 달라질 것이다.

그래서 언어체계 내에서 기호가 모든 다른 기호와 구분됨으로서 의미를 형성하는 것과 같은 '기호학적' 방법으로, Barthes의 신화는 더 폭넓게, 문화적, 정치적으로 미디어와 다른 시스템으로부터 의미를 형성한다. 기호학이 주어진 재현에 나타나는 의미 뿐만 아니라 존재하지 않는 의미를 설명할 수 있기 때문에 근본적으로 중요하다. 프랑스 국기에 경례하는 흑인 소년의 이미지가 같은 백인 소년의 이미지와 아주 다른 이미지를 갖듯이 기초 화장품을 광고하는 비만 여성은 예기치 않게 존재하지 않는 의미를 자극할 수도 있을 것이다. 문화적 지혜의 규범을 깨는 미디어 재현은, 존재하지만 현재 부재한 것(날씬한 여성의 경우)에 의해 어떻게 의미화되는지를 나타낸다. 그렇기 때문에 방법론으로서 기호학은 날씬하고 행복하고 아름다운 백인을 TV나 광택이 나는 잡지 속에서 우리가 만날 때, 기존의 미디어가 이 백인의 이미지가 우리에게 제공하는 유용한 다양한 의미를 어떻게 차단하고 있는지를 밝힌다. 현재 재현은 더 이상 다른 문화, 피부색, 형태와 크기의 사람들이 살고 있는 실제 세계의 왜곡이 아니라 이념적인 것이다.

이데올로기(Ideology)

주어진 이데올로기는 일반적인 가치, 이념과 생각을 갖고 있다. 영어 화자의 문화에서는 여성적인 아름다움이라는 이데올로기는 현재의 예를 확장해 본다면 육체적인 날씬함, 젊음, 깨끗함, 적당히 그을린 피부, 화장한 얼굴, 빗질한 머리카락, 굴곡진 가슴과 필요하다면 시술이나 성형수술까지 포함한다. 이와 같은 일반적인 가치, 신념과 생각은 이데올로기가 수용할 수 있는 의미와 표현의 범위를 제한한다. 다양성은 '더러운' 단어이다. 받아들일 수 없는 의미와 재현은 이데올로기의 근간에 도전 할 수는 있지만 일반적으로 즉시 배제된다. 그러나 이슬람 근본주의처럼 이데올로기가 엄격한 삶의 방식에 적용되는 곳에서는 그 이데올로기 위반은 정말 심각하고 사람들의 목숨을 앗아

갈 수도 있다.

미디어가 정부의 통치 이념을 따르고 일부가 될 수 있다는 주장은 중국과 같은 나라에 해당된다. 그러한 나라에서는 미디어는 국가에 의해 엄격히 통제된다. '강력한 이념'이라는 의미는 미디어 오너십과 통제의 힘에 관한 정치-경제 관점과 공통점이 있다. 영국의 비평가 Judith Williamson은 Decoding Advertisements(1978)에서 광고 이데올로기가 우리에게 어떤 권한을 부여하는지에 대해 설명한다-우리가 광고하는 제품을 구매하는 한. 더 나아간 증거는 뉴스 미디어가 어떤 그룹(정치인, 경찰, 의사)을 다른 그룹(무역 노동조합주의자, 노동자, AIDS 감염자)보다 어떻게 더 긍정적으로 나타내는지를 밝히는 이념적인 편견에 대한 Glasgow 대학 미디어 그룹의 분석에서 찾을 수 있다. 그러나 이 모든 증거는 이데올로기를 개념으로 보는 근본적인 약점을 지적한다-약하고 변덕스러운 대중을 통제하는 엄격한 모델에 부합해야 한다. 그와 같은 문제로 인해 종종 미디어의 Adorno와 정치경제학자들이 비난을 받는다. 그와 같은 강력한 지배는 오늘날 민주주의에는 낯설지만 부분적으로 이데올로기가 왜 현대 미디어와 문화연구에서 또 다른 개념에 의해 대체되었는지를 설명한다.

헤게모니(hegemony)

이 개념은 지배층과 피지배층간의 관계에 대한 다른 견해를 가진 이탈리아 정치 이론가 Antonio Gramsci와 연관이 있다. 이데올로기와 달리, Gramsci의 헤게모니에 대한 개념은 사회에서 지배층과 피지배층간의 투쟁을 포착한다. 통치 계층은 모든 사람을 통치하는 경향이 있으나 Gramsci는 그들만의 방식으로 통치하지는 않는다고 주장한다. 그 대신에 헤게모니는 즉 지배층에 의해 피지배층에게 주어지는 양보와 자유와 같은, 다른 계층 간의 불안한 관계를 가정한다. 그래서 Gramsci 이론가들은 미디어가 대안적인 견해와 목소리를 낼 수 있는 영역을 제공한다고 믿는다. 그러나 헤게모니는 강력한 엘리트들의 가치와 생각을 궁극적으로 강화함으로써 이와 같은 대안적인 견해를 축소하는 역할을 한다.

미디어 연구에서 헤게모니의 가장 강력한 지지자는 앞에서 언급한 Stuart Hall이다. Hall에 따르면, 미디어는 강력한 이익을 낳는 현실에 대한 헤게모니적인 표현을 한다. Hall의 '인코딩(encoding)/디코딩(decoding)' 모델(Culture, Media, Language, 1980)은 실제로 헤게모니적인 미디어 과정을 이해하려는 이론적인 시도이다. Hall은 미디어가 우리에게 세상을 이해하는 방법을 어떻게 알려 줄 수 있는지를 확인하기 위해 기호학에 의존한다. '인코딩' 과정은 미디어 제작 국면 동안 일어나는 반면 '디코딩'은 소비하는 동안 청중이 하는 것이다. Hall은 미디어 제작자들이 정치적인 공평함과 기술적인 우위와 같은 절차를 따르는 것을 '전문적 코드'라고 부르는 데 인코딩은 규칙과 전문성의 기준을 지키고, 윤리적인 가이드라인을 지키기 위해서 그 전문적 코드에 의해 소개된다. 이 전문적인 코드는 정치적이고 경제적인 현상을 유지하는 역할을 한다고 Hall은 주장한다. 미디어는 사회의 기존 권력 구조를 불안하게 만들지 않는 관습적인 표현으로만 인코드된다는 것이다.

그러나 청중의 디코딩 단계는 미디어 표현에서 인코드 된 것을 반드시 받아들이지는 않는다. 인코딩(encoding)/디코딩(decoding)모델은 그 자체로 생산자와 소비자에 의해 생기는 의미에 관한 헤게모니적인 분쟁을 나타낸다. Hall은 디코딩의 세 가지 형태를 다음과 같이 개괄한다:

1. '지배 코드(dominant code)'는 미디어 표현의 인코드된 의미를 받아들인다. 소비자들은 제작자가 의도한 대로 미디어 표현의 선호적 해독(preferred reading)을 받아들인다. 그렇기 때문에, 지배 이데올로기는 도전없이 성공적으로 대중의식으로 스며든다.
2. '협상된 코드(negotiationd code)'는 인코드된 미디어 측면을 받아들이고 다른 측면은 받아들이지 않는다. 일반적인 수준에서 인코드된 의미는 청중이 지지 할 수 있다; 그러나 더 지엽적인 수준에서는 이와 같은 의미는 개개인이 일반적인 규칙에 대한 예외라고 생각하기 때문에 삭제될 수 있다.
3. '반대 코드 (opposition code)'는 미디어 생산자들의 인코딩을 거부한다. 소비자들은 생산 국면에서 의도되지 않았거나 예상되지 않은 방법으로 미디어 표현을 디코드한다.

Hall은 지배(dominant) 코드가 대부분의 시간 동안 만연되어 있지만(즉 미디어 소비자들은 생산자들에 의해 인코드된 대부분의 의미를 지지한다), 그의 인코딩/디코딩 모델은 이와 같이 지속적인 분쟁동안 소비자 파워와 하위문화적인 저항의 순간을 수용할 정도로 유연하다. 그래서 미디어 인코딩과 디코딩은 의미에 관한 헤게모니적인 분쟁이기에(함께 태어난 버릇없는 고양이처럼) 우세한 이념적인 표현이 지배적이지만 언제나 거부에 대한 두려움이 있다.

성별과 성의 표현(Representations of Gender and Sexuality)

미디어 재현에 관한 이와 같은 헤게모니적인 분쟁은 고정관념화에 의해 강화된다. 성별에 관한 스테레오 타입에 있어 미국의 여성 페미니스트 Tania Modleski의 TV 드라마에 대한 분석은 두 유형의 여성 등장인물이 우세하다는 사실을 보여 준다: 이상적인 여성/어머니 vs. 악한 여성/유혹하는 여성. Loving with a Vengeance(1982)에서 Modleski는 이 대립적인 유형이 이상적으로 함께 등장함으로써 시청자들은 악한 여성보다 좋은 엄마를 선호하고, 악한 여성들은 악한 '다른 사람들'로서 카메라에 의해 만들어진다. Modleski는 이와 같은 문제를 안타까워한다, 왜냐하면 일반적으로 악녀는 가장 가까운 TV 연속극에 등장하고 페미니스트의 명목상의 최고위자이기 때문이다. 페미니스트 문제를 더 골치 아프게 하는 것은 악녀는 일반적으로 싫어하지만 악당은 저주도 받고 축복도 받을 수 있는 종종 어둡지만 매혹적인 성의 대상으로 만들어진다는 것이다. 드라마의 주요 시청자는 여성이기 때문에 Modleski는 보통 여성의 태도에 대한 고정관념적인 표현에 대한 심오한 결과를 지적한다. 좋은 아내 스트레오 타입은 단지 여자를 권위있는 직책에서 배제시키는 남성 중심의 사회의 가치를 지지하는 부성애의 지배적인 이데올로기만을 강화시킨다. 다른 한편 남자들은 언제나 그들이 나쁠때조차 선호된다.

성별 스트레오 타입은 여성과 남성의 잡지에서 일반적이다. 몸의 이미지가 특히 유형별로 분류된다- 남성 패션 사진에서는 다부지고 근육이 있는 체격을 표현하는데 반해 여성 패션 모델은 마른 체형을 보편적으로 선호한다. 영국의 문화 이론가인 Angela McRobbie(Feminism and Youth Culture, 2000)는 젊은 십대 독자들을 겨냥한 잡지에서 인코드된 십대 여성의 이미지를 확인했다. 예를 들어, 로맨스, 패션, 뷰티 코드는 충실한 여자친구와 미의 여왕과 같은 전형적인 역할로 독자들을 안내하는 우세한 코드에 맞춰 해석된다. 그래서 젊은 여성들은 기존의 견해에 도전하지 않고 다른 생활방식, 정체성, 혹은 성생활을 탐험 해 보도록 가르치지 않는 잡지에서 보수적인 여성의 재현을 접하게 된다.

비슷한 맥락으로, 영국의 페미니스트 Janice Winship (Inside Women's Magazines, 1987)은 개인의 성공과 경쟁력이 여성의 잡지로 인코드되는 이데올로기를 언급한다. McRobbie와 Winship의 경우, 여성의 잡지에서 '성공'은 직업이나 교육적인 성취라기 보다는 이성적인 관계를 의미한다. 그러나 다른 시각은 Reading Women's Magazine(1995)에서 네덜란드 문화 이론가인 Joke Hermes에 의해 제시된다. Hermes는 잡지를 읽을 때 여성들은 부족한 의미를 전형적인 재현에 의해 파악하고, (더 많은 의미와 집중해서 읽을 필요가 있는 소설이나 업무 관련 문서와 달리) coffee break와 같은 일상의 평범한 휴식시간 후에 잡지를 쉽게 내려놓을 수 있어서 잡지를 읽는다고 주장한다.

인종과 민족성의 재현

헤게모니적 미디어 재현에 대한 분석 후 Hall은 소수 인종이 인종의 스트레오타입에 의해 지속적으로 잘못 표현된다고 주장한다. 그는 명백한 인종주의와 인종주의로 추정되지만 덜 의도적인 형태의 인종주의를 구분한다. Hall에 의하면, 후자는 흑인이나 다른 소수의 인종이 인종 관계에서 긴장을 불러일으키는 '당연한' 원인이라는 가정에 의존하는 인종주의로 추정되지만 덜 의도적인 형태를 말한다. 명백한 인종주의자적인 표현은 오늘날 서구 미디어에서 드물지만, Hall이 의미하는 인종주의자로 추정되는 표현들은 흔하다. Hall이 구분한 전형적인 인종주의자는 '노예'를 포함하고 있다-'바람과 함께 사라지다'와 같은 영화에서 표현된 것처럼 백인 주인에게 헌신하지만 문명화된 백인의 매너와 예의에 위협으로 여겨진다. 그리고 위엄이 있지만 궁극적으로 야만성을 의미하는 '원주민'도 있다. 이 '원주민'은 New Jack City(1991)와 같은 영화의 흑인 슬럼가 갱스터와 다르지 않다. 그리고 또한 백인이 흑인을 비웃는 식으로, 인종의 특이성에 대해 조롱하는 '광대'나 '엔터테이너'가 있다. 다양한 Hollywood 영화에서 Will Smith와 Eddie Murphy는 '엔터테이너'의 역할을 한다.

인종과 민족성에 대한 서양의 재현에 대해 가장 일관된 비평은 팔레스타인의 문화 비평가인 Edward Said의 Orientalism(1978)이다. Said는 비서양의 문화의 재현이 서양인들에 의해 어떻게 만들어지고 권한을 부여받는지를 입증한다. 그가 'the East'라고 규정하고 특히 중동이라고 정의하는 동양은 서양(유럽과 북미)에 의해 가장 지속적인 '다른 세상의 이미지'로 여겨졌다. 이집트 낙타에 관한 독특한 시처럼, 동양의 텍스트나 인디언 부족에 관한 인류학적인 연구는 비 모국어 구경꾼의 시각과 말과 미디어를 통해서 편향되고, 거들먹거리고, 왜곡되게 전달되고, 해석되는 동양에 대한 서양의 담화(언어/지식)를 낳는다. 이 담화에 해가 없는 것은 아니다. 역사적으로 서양인들은 힘을 이용해서 그들의 관점에서 동양에 대한 자신의 표현을 개발하고 그 표현들은 더 폭넓은 지식의 근원이 되어왔다. 시간에 걸쳐, 동양에 대한 이와 같은 표현들은 '진정한 동양'에 대한 더 보편적인 생각과 분리될 수 없다. '진정한 동양'은 서양에서 받아들여진 견해에 의하면 다른 세상으로 구분된다.

Said는 동시대의 문제에 맞춰 동양에 관한 이론을 발전시켰다. 예를 들어, 비서양의 문화에 대한 서양의 담화에 팽배해 있는 두 가지 현재의 용어, '테러리즘과 근본주의'는 뉴스 에이전시를 포함한 서양 권력 체제로부터 1980년대에 나타났다. 더군다나, Hollywood와 같은 세계 미디어 시스템은 비서양 문화를 종종 잔인하고 오해의 소지가 있는 방식으로, 미국의 담화를 형성한다. 예를 들어, 디즈니의 알라딘(1992)에서 우리는 아랍계 미국인들 사이에 화를 불러일으킬 수 있는 어둡고 수상한 아랍 판매원에 대한 전형적인 묘사를 생각해 볼 수 있다. 긍정적인 인종의 스트레오 타입(e.g. Jackie Chan)을 묘사하기 위해 신중한 조치가 취해지는 곳에서 조차, 이와같이 신중하게 묘사된 재현들은 기이함과 다름을 숨기려고 하는 미디어 제작자들의 부자연스러운 노력에 주의를 기울이게 한다. 성공적이고 도덕적으로 올바른 소수 인종의 모습에 관한 많은 미디어 재현은 진정한 인종의 다양성이 종종 사회의 불평등에 의해 제한되는 서양 문화에서는 부자연스러워 보인다.

Said의 생각은 뉴욕, 워싱턴, 런던, 마드리드와 뭄바이에 테러리스트 공격 후의 이슬람교도 증오의 증가에 의해 입증된다. 맹목적인 태블로이드 언론에 의해 불 지펴진 젊은 이슬람 남자에 대한(나중에 논의 될)도덕적 패닉은 이슬람과 서양의 차이를 더 확대 해석하게 한다. 이슬람은 극단주의자와 근본주의자 종교로 왜곡되고 동시에 동종의 신념인 것처럼 레이블이 붙는다. 그런 신념에서 모든 이슬람인들은 비이슬람 교도(즉, '우리')에 대해 같은 의견을 공유한다. 옛날 중국 속담을 생각해보면 Said의 생각이 우리가 사는 흥미로운 시대에도 적용되지만, Said가 오리엔털리즘이 어떻게 도전을 받는지를 빈틈없이 보여주지는 않는다. 2005년에 덴마크 신문에 출간된 예언자 모하메드의 불경스러운 만화 이미지가 다른 종교를 믿는 사람들 뿐만 아니라 이슬람인들의 폭력적인 저항에 반기를 든 것이었다.

Ⅶ 포스트모더니즘

7

포스트모더니즘

우리가 지금 아는 것처럼, 현실과 현실을 표현하는데 있어서의 차이는 결코 명확하지 않지만 포스트모더니즘은 재현에 대한 미디어 연구를 지지하는 논리이다. 다른 한편 포스트모더니즘은 진실된 현실이 있거나 그것을 표현하는 방법이 있다는 생각을 거부한다. 다시 말하면, 포스트모더니즘은 미디어와 다른 문화적인 형태에 의해 표현 될 수 있는 진정한 세계가 있다는 현실주의적 가정에 직면해 있다. 반대로 포스트모던 문화는 미디어에 흠뻑 젖은 형상화, 시뮬레이션과 노스탤지어에서 표현적인 현실의 손실로 표현된다. 포스트모더니즘을 정의하기 위한 간단한 형식은 없다. Blade Runner(1982)가 이와 같은 이유로 포스트모던 영화로 인용되지만 사라지는 현 세계에 관한 것이 아니라 신비한 과거, 불확실한 미래, 대중 소비지상주의, 대중 이해, 기술 혁신, 세계화와 포퓰리즘에 관한 것으로 여겨진다. (포스트모더니스트들이 지지하지 않는) 역사를 바라보는 것은 포스트모더니즘을 전체 맥락에서 이해하는 데 도움이 될 수 있다.

모더니즘과 포스트모더니즘

포스트모더니즘을 이해하는 가장 좋은 방법은 모더니즘 전에 있었던 것을 이해하는 것이다. 모더니즘은 약 1890년에서 1940년 사이의 실험적인 예술과 '고 문화'의 시기를 언급한다. 모더니스트 예술과 문화는 대중 미디어를 포함해서 개인의 창의성이 억압받는 정치, 산업화된 경제, 건잡을 수 없는 도시화와 다른 사회 요인에 의해 위협을 받는다. James Joyce와 같은 소설가와 Pablo Picasso와 같은 예술가는 모더니즘과 연관이 있다. 소련의 영화 감독이자 이론가인 Sergei Eisenstein의 영화 Strike(1925)와 The Battleship Potemkin(1925)를 예로 들면, 몽타주를 실험적으로 사용하는 것은 억압과 무질서의 모더니스트 주제를 반영한 것이다. Brazil(1985)과 Blue Velvet(1986)과 같은 후기 초현실주의 영화도 모더니스트 특성을 묘사한다. 모더니스트 운동은 자본주의자에 의해 고무된 대중문화에 반해 개인주의를 예술과 문화의 최상으로 옹호하는 엘리트 그룹의 예술가와 지식인들을 보호하려고 했다. 영국의 모더니스트 비평가인 FR Leavis는 '소수 문화'라는 용어를 이용해서 학식있고 교양있는 전문가 엘리트 그룹을 묘사하고, 그들이 대중문화에 대한 값싼 모방으로부터 사회를 보호한다고 했다.

대조적으로, 포스트모더니즘은 모든 인기있는 것들은 받아들이고 대중문화로부터의 모더니스트 분리를 반박한다. 1940년대와 1950년대에 바탕을 둔 포스트모더니즘은 미디어에 의한 소비자 문화와 함께 발생했다. 포스트모더니스트들은 예술적인 독창성과 작가의 자주권에 대한 모더니스트의 기대가 더 이상 적용되지 않는다는 입장을 취하고 있다. 그 대신에 포스트모던 문화는 이미지, 본질을 넘어선 스타일, 물질을 넘어선 미디엄(McLuhan을 모방하는), 1인칭 내러티브를 넘어선 익명성, 지속성을 넘어선 처분가능성, 과거를 넘어선 현재의 전통에 대한 문화이다. 포스트모더니즘의 주창자들은 21세기 서양 문화를 계속해서 규명한다고 주장하지만, 다른 포스트모더니스트들은 오늘날의 단편화되고 불가해한 세계에서 생산되고 소비되는 것을 성의할 때 '메타 내러티브'나 상위 용어를 이용하는데 있어서의 유용함에 반대한다. 그래서 포스트모더니즘은 'high' 모더니즘에 의해 옹호되는 엘리트주의, 전통주의, 개개인의 실험주의에서 출발해서 대중문화와 대중 미디어에 의한 피상적이고 처분가능한 기이함이 있다는 것을 받아들인다.

이미지

아마 포스트모던 미디어 문화의 가장 중요한 특성은 시각적인 이미지의 편재이다. 인쇄된 책이 McLuhan을 위한 현대성의 미디엄이라면, 그 이미지-특히 움직이는 이미지-는 포스트모더니즘의 미디엄이다. 사진기자가 말하는 것처럼, 사진(말이 아니라)이 신문을 판다. 그러나 이와 같이 빨리 움직이는 미디어 시대에 우리는 눈앞에서 이미지를 빠르게 접하지만 드물게 맥락화된다. 이미지는 화면을 넘어서 세상을 이해하는데 있어 기본적이기도 하고 일회적이기도 하다. 이미지는 우리를 흥분시키지만 교육적인가? 보는 것은 새로이 믿는 것이지만 우리는 보는 것에 의해 속는가? 그리고 이미지가 포스트모더니즘에 중요하다면 우리가 일상적으로 보는 많은 부분들이 어떻게 중재되지 못하는가(즉, 즉각적이고 현실적인가)?

미국의 역사가인 Daniel J Boorstin은 오늘날의 다중 채널을 통해 생산하고 분배하기 너무 쉬운 이미지는 그래픽 혁명-우리가 우리 세계의 실제를 보는 방법에 있어서 전반적인 변화-뒤에 통용되는 것이라고 한다. 예를 들어, 포스트모던 이론가는 아니지만, Boorstin의 생각은 포스트모더니즘에 대한 차후의 관점에 영향을 주었다. The Image(1961)[10]에서 Boorstin은 이미지에 기초한 뉴스 미디어는 사람과 장소와 사건을 거짓으로 나타낸다고 했다. Boorstin은 '허구의 사건'이라고 부르는 것을 묘사하는 것이 특히 만연하다고 한다. 허구의 사건은 '자발적이지는 않지만 누군가가 그것을 계획하고, 설계하고, 선전했기 때문에 일어난다.' 예를 들어, 기자 회견은 미디어에서 신선한 '뉴스'에 대한 요구사항을 만족시키기 위해서 뉴스 가치가 있는 개개인이나 기관에 의해 계획된 허구의 사건이다. 자기 충족적인 허구의 사건은 진짜 뉴스 가치를 제공하지 않고 실제 내용 보다는 스타일에 더 많이 관여한다.

영국 수상이 매주하는 언론 브리핑은 허구의 이벤트이다. 그 언론 브리핑은 기자들의 이익을 위해 주의 깊게 시간이 정해지고 무대가 마련된다. 그리고 수상이 새로운 말할 거리가 있든 없든 상관없이 뉴스 단신에서 수상의 언론브리핑을 보도한다. 최근 대변인의 메시지와 함께 수상의 이미지는 헤드라인을 장식하기에 충분하다. Boorstin은 허구의 사건이 우세함에 따라 잘못된 유명인이 생겨난다고 주장할 정도이다. 외모가 인성보다 더 중요할 때 위대한 대중 상(stature)은 드물다. 진정으로 위대한 과거의 영웅(즉, Florence Nightingale 또는 Babe Ruth)들은 재능이나 능력 없이 만들어지고, 이미지를 의식하는 스타들에 의해 대체되었다. 모든 사람이 15분 동안 유명하게 될 것이라는 Andy Warhol의 유명한 진술은 이미지에 의한 명성이 위조된 것이고 피상적이라는 Boorstin의 지적과 일치한다. Wife Swap(2003-)과 American Idol(2002-)과 같은 쇼에서 생겨나는 많은 재능이 없는 실제 TV 스타는 15분간의 명성을 즐기지만 우리는 그들을 결코 다시 볼 수 없을 것이다!

상호텍스트성

미국 문학 비평가인 Fredric Jameson는 '상호텍스트성'이라 일컫는 것을 옹호하면서 모더니즘과 포스트모던 미디어 문화가 다르다고 한다. 그는 포스트모던 미디어 텍스트는 다른 텍스트에서 전형적인 요소(생각, 장면, 등장인물, 스타일, 사운드, 소도구, 생산 기술 등)를 빌려온다고 한다. 예를 들어, 영화 Scary Movie(2000)와 그 시리즈는 Halloween(1978)과 I know what you did last Summer(1997)과 같은 과거에서 영화적인 텍스트를 빈번히 인용한다. 그러나 Jameson은 패러디와 모방 작품 간의 차이를 구별한다. 패러디는 포스트모더니스트 특징이 아니다. 결국, 이전 미디어 텍스트의 패러디와 조롱은 태곳적부터 존재했다. 포스트모더니즘에 있어서의 특징은 패러디의 기술이다. 그리고 그 기술에서 상호 텍스트적인 언급은 인정되지 않거나 코믹 효과로 쓰인다. 간단히 말해서, 패러디는 자신의 상호텍스트성을 부인한다. Jameson의 경우에 패러디는 포스트모더니즘 시대에 생겨나는 모든 것의 중심에 있는데 이것은 말하거나 연출하거나 보여주거나 할 새로운 것이 없을 수 있다는 것을 의미한다.

이것은 Jameson이 말하는 개인의 스타일이 사라졌다는 것을 의미한다. 사실, 패러디가 현대 문화에서 너무 전형적이어서 우리는 역사와 기원을 쫓는 것이 너무 어렵다는 것을 아는 포스트모던 시대에 들어갔다. 포스트모던 문화는 과거에 대한 감각을 잃어버렸다. 왜냐하면 과거는 노스탤지아에 의해 드리워진 역사의 재현에 의해 낭만적으로 묘사되었다. Jameson이 Postmodernism or The Cultural Logic of late Capitalism (1991)[11]에서 지적한 것처럼 '우리는 우리 자신의 팝 이미지와, 영원히 도달 할 수 없는, 과거에 대해 스테레오타입을 통해 역사적인 과거를 추구할 정도로 비난받은 것 같다'.

과거 다큐멘터리에 대한 만족할 줄 모르는 욕구는 말할 것도 없이, 노스텔지아 영화, 음악, 시대적인 TV 드라마는 우리가 어떻게 살아왔는지에 대한 인기있는 장밋빛 역사에 기여한다. 그렇기 때문에 진짜 과거는 역사의 허구적인 미디어 버전에서 사라졌다. 독창성을 측정할 수 있는 과거가 존재하지 않기 때문에 이런 불확실한 과거의 결과로서, 현재 생활에 대한 영화는 현재 생활을 독창적으로 재현할 수 없다. 그래서 The Bourne Ultimatum(2007)과 The Day After Tomorrow(2004)와 같은 영화는 전 시대의 스타일(James Bond와 같은 스파이행위를 하는 스릴러와 '재앙'영화)을 불가피하게 모방한다-왜냐하면 그들이 상호텍스트성에 주의를 기울이지 않을 수 없기 때문이다(그들이 그렇게 하려고 노력하지 않을 때조차).

상호텍스트성에 대한 Jameson의 이론은 최근 기억을 돌이켜보면 많은 미디어와 영화 예에 적용되는 것 같다. 그러나 정말 독창성이 사라진 것인가? 라이브 미디어 텍스트는 독창적이지 않은가? Jameson은 라이브 미디어의 내용은 독창적이지만 미디어가 행동을 재현하는 방식은 상호 텍스트적인 생산 기술을 언제나 이용한다. Adorno처럼 Jameson은 포스트모던시대에 독창성의 손실에 대한 이유를 소비자 자본주의로 들었는데, 소비자 자본주의는 검증과정을 거치고 사용자에 친근한 미디어 텍스트를 만듦으로써 예술적이고 문화적인 표현의 범위를 제한한다. 그러나 오늘날의 미디어와 대중문화는 청중이 그것을 요청하기 때문에 독창성을 위한 조건을 만든다. 예를 들어, 음악 차트는 만들어진 팝 이상을 목록화한다. 힙합, 락, 전자 댄스와 클래식 음악가로부터 때때로 제공되는 음악은 현대 대중 음악의 창의적인 혼합물을 만든다. 이 혼합물은 소수 특권층들만이 향유한 극장과 오페라와 같은 고급문화의 전통적인 형태에 대한 모더니스트의 운영보다는 더 건전한 일이다.

초현실성

포스트모더니즘에 대한 또 다른 견해는 프랑스 미디어 이론가인 Jean Baudrillard에 의해 제시되었다. 오늘날의 미디어 중심의 문화가 현실의 순수한 재현을 대체하는 실제 세계에 대한 시뮬레이션을 낳았다는 생각이 '초현실주의'에 대한 Baudrillard의 핵심 아이디어이다. 예를 들어, 나는 뉴욕에서 살거나 방문한 적이 없지만 Frank Sinatra와 Woody Allen의 영화 Sex and the City(1998-2004), Twin Tower에 대한 뉴스 보도와 뉴욕에 대한 수많은 다른 미디어 시뮬레이션 덕택에 뉴욕에 대한 초현실적인 감각을 가졌다. Baudrillard에 따르면 이 초현실적인 뉴욕은 실제 거리, 가게, 커피 숍, 사무실 블럭과 같은 실제 뉴욕의 어떤 부분보다 더 진짜 같았다. 초현실은 새로운 현실이다. 우리는 더 이상 지도, 사진, 혹은 다른 기술을 통해서 실제를 재현하거나 재생산할 수 없다. 왜냐하면 우리가 너무 많은 미디어 재현에 노출되어 있어서 실제 세계를 인지하는데 있어서 미디어 재현이 그 역할을 하고 과거의 진짜 현실과는 연관성이 없게 되었기 때문이다. Ol'Blue Eyes와 같은 재현에 관한 전반적인 원리는 사라졌다.

디즈니랜드가 적절한 예이다. 디즈니랜드는 물론 순수한 공상이지만, Baudrillard의 Simulations(1983)[12]에서 디즈니랜드가 공상인 동시에 디즈니랜드를 둘러싸고 있는 로스엔젤레스와 미국이 초현실과 시뮬레이션의 질서에 따라 존재할 때, 우리에게 나머지가 실제라고 믿게 만든다고 한다. 디즈니랜드는 진짜 미국의 부재를 감춘다. 사실, 미국은 물밀 듯 밀려드는 초현실적인 미디어 이미지 속에서 진짜 실제 미국으로부터 단절되어 있다. 초현실주의에 대한 Baudrillard의 영향력있는 책, Simulacra and Simulation(1994)은 The Matrix(1999)에 찬조 출연을 한다-탁월한 시뮬레이션이라고 생각할 수 있지만(놀랍게도) Baudrillard는 그의 생각을 잘못 해석한 것으로 영화를 비판했다.

Baudrillard는 초현실 이론을 2001년의 9/11 만행 뿐만 아니라 Gulf War(1990-1991)에 적용한다. 걸프전은 시작하기 전에 막강한 미국 군(특히 미국 공군)이 승리하였기 때문에 Baurillard는 걸프전이 일어나지 않았다고 믿는다. 대부분의 사람들에게 이 전쟁의 지속적인 기억은 이미지로 화면에 등장하고 미국군의 활동을 통해 CNN과 다른 서양 미디어에 전송된다. 그리고 미국 조종사가 이라크의 목표물(다리, 병원, 군사진영)을 조준하여 파괴시키는 장면을 보여준다. 이것은 장기적인 전투 측면에서 전쟁은 아니다(대조적으로 첫 번째 두 세계대전은 실제로 일어났다); 걸프전은 단지 비디오 게임 시뮬레이션과 같은 가상 전쟁이다. 그렇기 때문에, 실시간 미디어를 통해 과잉 노출된 구경거리는 Baudrillard가 '사건이 아니다'라고 부르는 것에 지나지 않는다.

다른 한편 9/11은 실제로 전쟁이 일어나지 않았다. 그럼에도 불구하고 The Spirit of Terrorism(2002)[13]에서 Baudrillard는 쌍둥이 빌딩이 무너지고 수천명의 사람들이 죽었지만 이 맨하턴의 재앙 영화는 공격의 대단함이 이미지의 대단함이기 때문에 그 사건을 목격한 사람들에게는 실제 사건이 아니었다. 그 이미지가 사건을 흡수해서 소비를 위해서 그 사건을 제공한다는 측면에서 이미지는 사건을 소비하는 것이다. Baudrillard에게는 9/11의 실제 사건과 그와 연관된 초현실적인 이미지는 완전히 다른 경험을 제공한다. Baudrillard는 그 후의 사건(이라크와 아프가니스탄에서의 전쟁)을 위해 9/11의 역사적인 실제를 여전히 과소평가하고 있지만 일정 부분 일리가 있다.

메타 내러티브의 쇠퇴

Baudrillard의 초현실주의에 대한 이론은 다른 이론처럼 동시대적인 세계를 알고 이해하려는 원대하고 중요한 시도이다. 그러나 프랑스 문학 이론가 Jean-Francois Lyotard에 따르면 포스트모던 미디어 문화는 원대한 이론과 사고 혹은 그가 '메타 내러티브(metanarratives)'라고 부르는 것에 관한 신뢰성의 상실을 낳았다. 기독교, 뉴튼의 물리학, 아이슈타인의 상대성 이론, 막시즘, 다위니즘, 프로이드의 심리학, 이 모든 것들과 다른 메타 내러티브는 포스트모던 시대에 우리의 삶에 대해 완전히 이해하지 못한다. Jameson처럼 The Postmodern Condition(1984)에서 Lyotard는 소비주의가 제품과 서비스에 대한 개인의 욕구-공산주의의 대안이나 사회에 대한 다른 원대한 이론을 거부한다는 측면에서 포스트모더니즘을 나타낸다고 한다. 메타 내러티브는 왜 그렇게 쇠퇴하게 되었는가? Lyotard는 지식의 상품화를 이끈 운송, 미디어와 정보 시스템을 포함한 세계 커뮤니케이션 기술은 부분적으로 비난받을 만하다고 주장한다. 지금은 국가 간에 지식을 사고 판다. 순수주의자와 모더니스트가 위대한 예술, 문학, 과학적인 발견을 추구하는 데 있어, 지식은 더 이상 연관이 없다.

영국 성공회와 같은 종교적인 메타 내러티브, 공산주의와 같은 정치 메타 내러티브, 케인지언 경제학과 같은 경제 메타 내러티브의 포스트 모던 시대의 쇠퇴와 더불어 미디어 내러티브도 쇠퇴하였다. 예를 들어, 소비자 자본주의 가치에서 발전한 상업적인 미디어 시스템으로부터의 경쟁은 공공 서비스 방송의 메타 내러티브가 대중의 취향에 부합하도록 했다. BBC가 적절한 예이다. 최근 몇 년간 BBC는 ITV와 Sky와 같은 상업적인 방송사에 맞서 시청률 전쟁에서 이기려고 리얼리티 TV 이벤트에 뛰어들었다. 유사하게, '언론의 자유'라는 메타 내러티브는 뉴스(지식) 제작에 대한 접근이 몇몇 다국적기업에 집중될 때 신뢰성을 잃는다. 그러나 반론은 메타 내러티브가 설득적이지 않더라도 대중 서비스 방송사와 자유 언론은 여전히 살아있고 활기차다는 것이다. Lyotard를 향한 다른 비평은 메타 내러티브가 더 이상 포스트모더니즘의 시대에 신뢰할 만하지 않다고 주장함에도 불구하고, -'모든 메타 내러티브가 쇠퇴하고 있다'-라고 하면서 그는 실제로 새로운 메타 내러티브를 제시하고 있다는 것이다.

Ⅷ 정보와 감시사회

8

정보와 감시사회

포스트모더니즘에 따른 중요한 미디어 연구의 결과는 정보사회 논문으로 알려져 있다. 그 논문은 최근에 감시 사회의 더 위협적인 이론으로 변형되었다. 정보는 잘 사용될 수도 있고 잘못 사용 될 수도 있다. 정보는 교육시키고 해방시키고 경제적인 번영을 가져 오지만 정치적이고 상업적이고 군사적인 목적으로 해로운 방법으로 이용될 수도 있다. 정보사회의 이론은 계몽과 조작의 양 극단적인 관점사이 어디에선가 논쟁에 가담할 수 있다; 확장과 무력; 기술적인 발달과 과부하. 반면, 감시 사회 이론은 권위주의, 억압과 사회 통제에 관한 염세적인 생각으로 기운다. 그러나 밝은 면을 보면서 시작하자.

제3의 물결

제 3의 물결(1980)[14]에서 미국 미래학자 앨빈 토플러(Alvin Toffler)

에 따르면 대부분의 서양 국가들은 사회 경제적인 발전의 첫 번째 물결(농업), 두 번째 물결(산업)과 1950년대부터 정보화 사회의 세 번째 물결에 들어갔다. 토플러에게, 기술 변화가 가져온 정보 분야의 세번째 물결은 다양한 미디어를 낳았다. 두 번째 물결에서 활발했던 대중 미디어 제작 대신에, 세 번째 물결은 소비자의 트렌드에 맞춘 소규모 지역화된 제품에 관한 모든 것이다. 결국, 이 세 번째 물결은 미디어 분야에서 선택과 경쟁의 확장을 낳았다. 예를 들어, 두 번째 물결에서 번창했던 대량 부수의 신문 발행은 대도시의 대량 판매 시장이 아니라 특별한 이웃과 사회에 초점을 둔 세 번째 물결의 뉴스와 잡지 타이틀로 인해 쇠퇴하였다. 특별한 지역이나 틈새 관심에 맞추어진 TV와 라디오 방송은 세 번째 물결에서 비대중화된 미디어로의 전환을 나타낸다.

미디어와 정보시스템의 비대중화는 우리 일상생활에 주요한 사회적인 영향을 끼친다고 토플러는 주장한다. 매스미디어와 문화 생산의 표준화에 대한 Adorno의 관점 대신에 토플러는 세 번째 물결 사회의 정비된 협의의 모델이 팝 뮤직에서 정치까지, 모든 것에 대한 의견이 왜 일관적이지 않은지를 설명한다고 제안한다. 의견의 합의가 이루어지지 않아서 세 번째 물결은 우리 모두를 더 개인적이고 덜 일관적으로 만드는데 효과적이다. 더군다나 우리는 다른 사람들이 어떻게 행동하고 우리의 행동에 어떻게 반응하는지를 예상하기 위해 더 많은 정보를 필요로 하기 때문에 정보에 대한 욕구가 커진다. 아마도 세 번째 물결 사회의 정보 매니아는 소비자의 행동을 예측하려는 마케팅 노력의 결과이다.

토플러의 주장은 어느 정도 설득력이 있지만 그의 전면적인 낙관주의와 기술 결정주의는 아쉬운 점이 많다. 정보사회가 농업 혁명과 산업 혁명 후의 '당연한' 혁명을 나타낸다는 토플러의 가정은 특히 의심

스럽다. 이것은 토플러의 3의 물결 관점이, 미디어와 정보 기술이 선택을 제한하고 개개인에 의해 거부되어야 한다(종종 거부된다)는 대안적인 Luddite 관점을 포함한, 현대 사회에 대한 더 폭넓은 관점을 허용하지 않는다는 것을 의미한다. 정치 경제학자들은 토플러의 미디어 비대중화에 대한 설명에 문제를 제기했다. 대중 시장에 부응하는 미디어 산물은 우리의 멀티 채널, 멀티 미디어 시대에 과거의 유물이지만 실제 미디어 제작은 경제 소유집중과 복합기업화의 증가로 이전보다 더 중앙집권적이고 덜 지방분권적이다.

후기 산업사회

정보사회에 대한 또 다른 낙관적인 이야기를 담은 The Coming of Post-Industrial Society(1973)[15)]에서 Bell은 기술이 사회 관계와 세상을 보는 우리의 방법을 변형하였고, 자연에 대한 인간의 통제를 증대시키고 경제적인 생산성을 변형시켰다고 주장한다. 이것은 토플러와 Mcluhan에 몰두한 기술 결정주의처럼 들릴 수 있지만, Bell의 산업후기 낙관주의는 정치적인 견해에 바탕을 둔 것이다. 산업 후기 사회의 다섯가지 긍정적인 결과는 다음과 같다:

1. 생활수준이 전 세계적으로 향상되었고 서양 사회에서 불평등도 줄어들었다.
2. 숙련된 엔지니어들과 기술자라는 새로운 계층이 생겨났다.
3. 효과와 최적성의 측면에서 합리성에 대한 새로운 정의는 -최소한의 비용과 노력을 들인 자원을 이용해서-양적인 기술을 엔지니어링과 경제학에 도입해서 사회와 경제적인 동향을 더 정확하게 예견할 수 있게 하였다.
4. 친족에서 직업적인 연대로 변화하고 국가간의 경계를 허무는 새로운 사회적인

네트워크가 생겨났다.

5. 시간과 공간에 대한 개념이 정보가 빠르게 움직이고 압축되면서 바뀌었다.

Bell의 후기 산업 사회는 지식 생산(지적 자산)이 물질 생산(전통적인 의미로 자산)을 대체하는 사회이다. 생산의 방법과 노동자를 소유하는 사람들 간의 구분이 없어지고-정통 정치 경제학적인 관점-그 대신에 정치, 경제, 사회의 모든 종류의 조직에서 결정권을 갖고 있는 사람들과 그렇지 못한 사람들 간의 관료적인 구분이 있다. 후기 산업 사회에서 Bell은 사회적이고 기술적인 지식을 모든 사회 계층으로 확대하는 것으로 생각하지만 중요한 문제는 자유 시장, 후기 사회 경제의 잠재력을 실현할 수 있는 사회 기술적인 발전을 위해 공적인 정책을 어떻게 적용시키느냐는 것이다. 더 최근에 Bell은 사회 네트워크, 직업적이고 전문적인 관행, 경제 생산성(즉, e-commerce), 소비자 경향의 예측을 변형하는 방법에 있어서 기술적인 권한 이양의 예로 인터넷을 논의했다. Bell에 따르면, 인터넷은 모든 부분이 좋다, 하지만 인터넷이 서로 공통점을 갖고 있는 사람들을 불러 모으기 위해 효과적으로 사용된다면 진정으로 좋을 것이다. Bell은 기술이 사회를 변화시킬 수 있기 전에 사회 변화가 필요하다고 주장함으로서 결정주의자 견해와는 거리를 두었다.

네트워크 사회

The Rise of the Network Society(1996)에서 스페인 사회학자 Manuel Castells는 정보사회에 대한 낙관적인 전망에 이의를 제기한다. Toffler와 달리 Castells는 정보사회의 정보적 경제가 농업과 산업

경제(정보적 농업, 정보적 제조업)를 대체하기 보다는 농업과 산업경제를 관통하거나 겹치는 부분이 있다고 생각한다. Castells는 정보가 세계 경제 내에서 흐르지만, 이 흐름은 공평하지 않고 세계 모든 지역에 관여하지는 않는다고 주장하는데 있어 Bell과 나르다. 그래시 세계 경제는 전 세계로 뻗어나가는 동안 상호 연관있는 세계 재정 시장의 기술 시스템을 통해 서로에게 이익이 되는 더 부유한 국가를 위해서만 작동한다. 네트워크 사회는 또한 일의 개별주의화에 해당되는 고용에 있어서의 변형으로 특징지어진다. 노동조합과 밀접하게 연결되어 있는 전통적으로 매달 월급을 받는 정규직과 달리 현대사회에서는 자영업이나 임시직 증가와 노동을 전문가 자문회사에 하도급을 주는 관행이 생겨났다. 정보 중심의 네트워크 사회는 새로운 계층의 노동자를 창출하기 보다는 덜 안전하고 더 분화된 새로운 형태의 고용을 창출한다.

Castells는 또한 네트워크 사회에서 실제 가상 문화라고 부르는 것을 확인한다. 가상 현실에 반대로, 실제 가상에서 미디어는 실제 경험을 대체할 수 없으며 미디어가 실제 경험 그 자체이다. Mcluhan의 미디엄이 메시지인 매스 미디어에 대한 지구촌 관점과 달리 Castells는 다양한 대중을 타겟으로 하는 멀티미디어 시스템과 그 힘은 ‘메시지가 미디엄’이라는 것을 의미한다. 예를 들어, 다국적 기업은 십대 음악과 같은 메시지(컨텐츠)를 취해서 그 메시지를 MTV와 같은 틈새 미디엄(포맷)에 들어가게 한다. 그래서 MTV는 현대 젊은이들이 실제로 음악적인 경험을 하는 곳이다. Castells는 매스 미디어 시대는 개인 간의 상호작용을 장려하고 일반 대중의 획일성을 와해시키는 컴퓨터에 의한 커뮤니케이션-특히 인터넷-의 성장 때문에 사라진다고 한다. 사실 새로운 미디어 기술이 다른 문화의 표현을 수용하게 한다. 그런데 결국 그 표현들은 전통적인 문화에 우호적인 매스미디어 조직을 약화시킨다. 이와 같은 증거는 네트워크 사회에 낙관주의의 여지가 있다고 제안한다.

그러나 실제 가상에 대한 문화는 여전히 시간과 공간을 변형하는 방식에 있어서 정보 개발도상국과 정보 선진국을 선호한다. Castells는 이와 같은 과정을 '영원한 시간'이라고 부른다-새 미디어 기술은 수년을 초로 압축하고 '자연적인' 순서(즉 과거, 현재, 미래)를 파괴함으로서 시간을 의미 없게 만든다. 문제는 영원한 시간은 예를 들어, '순간적인 전쟁'에서 싸워 이길 수 있는 강력한 그룹에만 허용된다는 것이다. 새로운 기술이 없는 사회는 생물학적이거나 시계의 시간에 의존하게 되고 그들이 싸우는 전쟁은 몇 년이 지속된다. Castells에 따르면 영원한 시간 뿐만 아니라 '흐름의 공간'이라고 부르는 것이 강력한 그룹(e.g. 주요 재정 시장, 세계 미디어 기관)으로 하여금 사람과 생각과 상품의 움직임에 관한 먼거리 상호작용에 관여할 수 있게 한다. New York, 혹은 London과 같은 세계적인 도시는 생산, 경영과 정보를 연결하는 이와 같은 흐름의 공간에서 생겨난다. 대조적으로 네트워킹이 조성되지 않은 사회의 공간은 특정한 지역에 근거를 두고 고착된다, 그래서 그 공간은 네트워크 사회에서 흐름의 세계적인 공간에 의해 보상을 받지 못한다.

세계화

Castells는 세계 경제를 논의하지만 미디어와 커뮤니케이션 기술을 통한 진정한 정보의 세계화는 그의 네트워크 사회에서는 요원한 이상에 지나지 않는다. 그러나 세계 정보사회가 이루어질 수 있지만 이론적으로 보다 실제에 있어서 덜 바람직한 것은 사실일 것이다. 최근 서구 기업 네트워크의 세계적인 확대를 축소시키는 것을 목적으로 하는 반세계화 시위들은 이와 같은 실제적인 문제를 나타낸다. 세계화는 실제로 고전적인 사회주의자의 목표이다-그러나 미디어 제국주의와 문화 지배와 연관이 있는 불공정한 목표는 아니다.

미국 사회학자 George Ritzer에 따르면, 세계화는 맥도널드화를 의미한다. 사회의 맥도널드화(1993)에서, Ritzer는 세계 미디어와 정보 산업은 패스트푸드 체인 맥도널드의 생산 구조와 관행을 공유한다고 주장한다. 맥도널드의 4가지 특징-효율성, 산출가능성, 예측가능성과 통제-은 모든 형태의 세계화된 기업을 통해 성장했다. 효율성은 에그 맥머핀에 의해 요약된다-작고 소화하기 쉬운. 이와 같이 효율적인 저널리즘은 아주 간단한(50단어 이하) 태블로이드 뉴스 스토리나 'News McNuggets'에서 자명하다. 산출 가능성의 크기, 시간 공간의 획일성에 관한 것이다. 모든 맥도널드 버거는 동시간대 스케줄에 방영되는 농구나 축구 중계처럼 모양도 무게도 동일하다. 맛과 포장의 예측 가능성은 모든 패키지의 Hollywood 스릴러나 로맨틱 코미디 뿐만 아니라 모든 HAPPY MEAL에서도 발견된다-그리고 위계적인 경영과 규율 구조는 전 세계 맥도널드 레스토랑의 경우가 미디어와 PR회사들에게도 적용된다. Ritzer에게 세계화는 동질의 생산, 취향이 없는 소비와 비어있는 위에 해당된다.

세계화의 다소 우울한 그림을 그리는 다른 개념들은(미국 문화의 제국주의화와 유사한) 코카콜라-식민지화, (미국이 명령하는)새로운 세계 질서, 다국적주의와 세계적인 시너지(둘 다 서구 회사의 지배를 언급한다)를 포함한다. 다른 한편, '세계화'라는 개념이 더 건전한 일을 제안하는데 그 안에서 모든 세계의 생산품은 각국의 문화와 취향에 적응해야 한다. 제임스 본드 영화는 세계적으로 성공을 거둘 것을 예상 할 수 있지만 예를 들어 중국사람들은 그를 'Ling ling qi', 즉,

만다린어로 007로 부를 것을 고수한다. 그래서 본드가 중국인의 취향을 맞추려면 만다린어로 표현 되어야 한다. 그렇기 때문에, 서구 미디어가 세계 다양한 문화의 기대와 욕구를 충족시킬 정도로 유연하다면 서구 미디어만이 세계 대중을 만족시킬 수 있을 것이다. '세계 정보'와 '세계 오락'은 우리가 언어와 문화의 장벽을 생각해 볼 때, 그 용어에 모순이 있다. 그래서 현지화가 세계화보다 더 민주적이고 바람직한 목표일 것 같다-그리고 현지화가 분명 더 나은 세계관을 제공할 것이다.

감시 사회

프랑스 철학자 Michel Foucault는 감시 사회의 개념에 크게 기여하였다. 정보사회의 대부분의 버전과는 달리 감시 사회 접근법은 정보와 지식을 사회 통제와 불평등을 낳는 근본적인 원인으로 보고 있다. Foucault의 감시에 대한 생각은 담화와 권력에 대한 더 폭넓은 이론과 연관이 있다. 기호학에 영향을 받아서, Foucault는 언어가 권력이 있는 그룹에 의해 다양한 방법으로 사용되어서 세계에 관해 그들이 선호하는 표현을 그 사회의 나머지 구성원들이 내재화하고 결국 그들의 통치를 받아들이게 된다고 한다. 하지만 이를 이루기 위해서 Foucault는 권력층의 관심과 흥미가 다양한 '담화'형태로 언어를 통해 퍼져나갈 필요가 있다고 주장한다. 담론적 힘은 이념적이거나 헤게모니적인 파워보다 더 미묘하다. Foucault에게 담화는 언어를 '담론 형태'(즉 선/악, 정상/비정상, 합법적/범죄적)로 분류함으로서 권력과 지식을 대중에게 퍼뜨린다. 예를 들어, 범죄적이거나 합법적인 것을 결정 할 힘이 법의 담화를 논하고 그 담화로부터 담론을 형성하는 당국에 의해 형성된다. 담화와 담론의 형성처럼, 감시는 권력을 나누고 내재화함으로서 사회를 통제한다.

Foucault에게 감시 사회의 유명한 모델은 18세기 영국 사회 개혁가 Jeremy Bentham의 '원형교도소(panopticon)' 디자인이었다. 최후의 감옥으로 설계된 원형교도소에는 중앙 감시탑이 있고 그 감시탑에서 뻗어 나와 복도처럼 생긴 부속건물을 따라 위치한 감방에 있는 죄수를 교도관이 끊임없이 관찰할 수 있었다. 더군다나 원형교도소의 감시력은 감시탑에 사람이 없는 상황에서도 작동되었다. 수감자들은 감시탑 안을 들여다 볼 수 없기 때문에 그 감시탑 안에 사람이 있는지 없는지에 대한 불확실성을 고려해서, 늘 감시받고 있는 것처럼 규율에 맞게 행동했다. 그래서 원형교도소는 표면적인 동시에 내면적인 권력 메카니즘이다; 그 권력 메카니즘이 개개인의 의식에 주입되어서 그와 관련된 담론 형성(선/악, 합법적/범죄적 등등)을 일상적으로 받아들이게 한다.

이것이 미디어와 무슨 관계가 있는가? 아마 가장 중요하게, Foucault는 감시의 원형교도소적인 메카니즘은 교도소 벽을 넘어서 이른바 규율적인 사회로 확장된다고 주장한다. 원형교도소 이론은 교도소와 다른 강력한 사회 기관 뿐만 아니라 미디어에도 내재되어있다. 특히 TV는 담론을 형성함으로서 규율과 감시를 할 힘을 갖고 있다. 범죄와 처벌과 같은 담론처럼 TV의 강력한 담론은 지식의 어떤 형태는 '진실'로 다른 형태는 '거짓'으로 분류한다. 예를 들어, 소위 TV 전문가들의 건강에 관한 조언은 -대체 의학 전문가와 같이-거짓으로 분류된 정보의 다른 원천과 상호작용하는 데 있어 진실로 분류된다.

Big Brother(2000-)와 현실 TV 장르는 또한 어떤 유형의 참가자들을 포함하고 제외하는 원형교도소적인 미디어 담론을 형성한다고 할 수 있다. 그러나 우리를 지켜보고 있는 전체주의적인 'Big Brother'는

-BBC는 공적 서비스 가치를 극단적으로 부정적이라고 하는 사람들에 의해 'Big Brother'라는 별명이 붙었다. Foucault의 담론에 대한 아이디어를 우리가 기꺼이 내재화하는 것과 동일하지는 않다. 오히려 우리는 모두 'Little brother'(또는 'little sister')이다, 그래서 우리는 Big Brother가 할지도 모르는 일에 관계없이 우리 자신과 서로를 감시하는데 참여한다. 그래서 Foucault의 감시 사회는 속임수와 분열이 만연하고 정보 대신에 우리가 얻는 것이라고는 평범한 사람들이 아닌 권력층의 관심을 알리는 정보의 담론이다. 감옥, 병원, 학교, 다른 강력한 기관과 같은 미디어는 우리가 정보와 지식을 '진실'로 받아들일 수 밖에 없는 담론을 통해서 분배한다.

그러나 감시 사회에 대한 모든 관점이 비평적이고 냉소적인 것은 아니다. 감시 사회에 대한 견해를 옹호하는 사람들은 CCTV, 전자 태깅과 DNA 데이터베이스와 같은 감시 기술이 어떻게 범죄에 대한 두려움을 줄이는지를 보여주는 통계적인 증거를 제시한다. 정부 기관은 감시 기술을 이용해서 부당 이익과 세금 탈루를 확인해서 모든 사람들을 불쾌하게 하고 법을 준수하는 납세자들의 돈이 부당하게 사용되는 것을 막는다. 그렇기 때문에 감시 사회의 주창자들은 숨길 것이 없는 선한 사람들이 불평할 것이 없다고 주장한다. 단지 범법자들과 아무 짝에도 쓸모없는 사람들만이 그 견해를 싫어한다. 이와 같은 생각이 용인될 수는 있지만 보호와 독재 사이에는 분명한 선이 있기 때문에 우리는 감시 사회에 대해 주의를 기울여야 한다. 감시와 범죄에 대한 이 모든 이야기는 우리를 다음 미디어 연구 주제로 잘 안내해 준다.

IX 도덕적 패닉

9

도덕적 패닉

도덕적 패닉은 감시 사회의 문제와 밀접하게 연관되어 있다. 예를 들어 감시 기술에 대한 비평가들은 감시 기술이 공공장소에서의 흡연과 같이 이전에 합법적이었던 행동을 불필요하게 범죄로 이끌 수도 있다고 불평한다. 법정에서 기록되고 사용될 증거가 될 가능성이 있을 때 형법 집행의 범위가 넓어진다. 이와 같이, 도덕적인 패닉에 대한 미디어 연구는 미디어를 통한 범죄, 폭력과 다른 사회적 윤리적 혹은 의학적 질병에 대한 폭넓은 노출의 사회적 법적 결과를 강조한다. 최근의 주요한 도덕적 패닉은 소아성애, AIDS, 마약, 흉기와 총기 범죄, 악마주의, MMR(홍역, 볼거리, 풍진) 백신과 비디오 게임의 결과에 대한 공포에 집중되어왔다. 그러나 도덕적 패닉은 오늘날만의 현상이 아니다-도덕적 패닉은 인간의 역사에 뿌리 박혀있다. 예를 들어, 교살(garrotting)(교살 후 희생자에게 강도 행위를 하는 것에 해당하는 19세기 영어)은 빅토리아 시대의 런던 사람들과 언론에게 엄청난 도덕적 패닉을 낳았다. 도덕적 패닉은 미디어에 의해 실제로 전파되거나 정확히 보도되지는 않는다는 비평이 있지만-젊은 사람들의 복지와 종종 연관이 있어서 시대에 대한 사회적인 태도를 나타낸다.

낙인 이론

'도덕적 패닉'이라는 개념은 '낙인 이론'으로 알려진 것으로부터 생겨난다. 미국 사회학자 Howard Becker가 윤곽을 그린 낙인 이론은 사람들의 행동은 다른 사람들의 반응에 의해 판단되고 '낙인이 찍힌다'는 생각을 전제로 한다. 예를 들어, 엄마가 공공장소에서 아이의 엉덩이를 살짝 때리면, 지나가는 행인들 중 일부는 반대한다는 한숨으로 반응할 수도 있지만 사회적인 반응과 현재 법은 이것은 받아들일 수 있는 체벌이라고 판단할 것이다. 그러나 엄마가 그녀의 아이의 얼굴을 반복적으로 때리면, 사회적인 반응은 이와 같은 행동은 비정상적이고 수용할 수 없는 것으로 판단 할 것이고 그 엄마는 틀림없이 관계 당국과 심각한 어려움을 겪게 될 것이다.

이것은 극단적인 예일 수도 있지만 낙인은 모든 종류의 행동과 행위에 반응하여 개인이나 그룹에 낙인을 찍는 것이다. 정상적인 것과 비정상적인 것(일탈), 합법적인 것과 범죄적인 것, 선과 악의 경계는 이런 종류의 '사회의 합의'의 관점에 의해 확립된다. 그러나 실제, 사회적인 합의는 완전히 민주적인 것은 아니다. 한 사회에서 어떤 개인과 기관은 상황에 반응하고, 의견을 내고, 다른 사람들에게 낙인을 찍을 수 있는 상대적으로 더 큰 힘을 갖고 있다. 정치가, 치안판사, 고위 경찰관, 주교, 수석 교사와 대변인은 특정한 사건이나 문제에 대한 사회적인 반응을 형성하는 특권적인 지위를 부여받았다.

오늘날 세계에서, 미디어가 이와 같이 낙인을 찍는 과정에서 가장 중요한 역할을 한다는 사실은 의심의 여지가 없다. 예를 들어, 신문은 대중의 이익에 대한 사건을 보도하지는 않는다; 며칠 동안 혹은 몇 주일 동안 대중의 분위기를 반영하고자 사건에 대해 끊임없이 논평을 한다. 'viewspaper'라는 용어는-최근 추가된 영국 방언-보도보다는 저널리스트적인 논평을 더 강조하는 신문을 지칭한다. 그러나 'viewspaper'와는 별도로, TV와 라디오에서의 라이브 24시간 뉴스는 실제 사건을 보도하는데 있어 방송시간을 채울 해설자가 필요하다. 그리고 관점과 의견에 관심이 없는 뉴스 미디어 조차 청중의 마음을 사로잡는 식으로 사건에 대해 이야기 할 필요가 있다. 그래서 스토리텔링 역시 완전한 낙인이 아니라면 선과 악, 받아들일 수 있는 것과 받아들일 수 없는 것, 공적인 이익이나 그렇지 않은 것 사이의 경계를 형성함으로써 사건에 대한 더 폭넓은 사회적 반응을 효과적으로 형성할 수 있도록 돕는다.

이것은 권력 불균형의 또 다른 경우와 비슷할 수 있다-표현, 정치 경제, 혹은 정보/감시 사회의 문제처럼-그러나 이론에 부당한 꼬리표를 다는 것은 미디어의 낙인을 찍는 힘을 설명하지는 못한다. 낙인을 찍는 것은 우리가 참여하는 과정이다-낙인은 미디어에 영향을 미치지만 미디어에 의해 생겨나지는 않는다. 더군다나, 정상과 일탈사이의 경계가 명확히 그어질 때 낙인 과정은 이미 낙인이 찍힌 사람들을 소원하게 하는데 있어 엄청난 효과를 가질 수 있다. 이것은 '일탈 확대'로 알려져 있다. 예를 들어, 망명 신청자나 마약 판매원과 같은 소외감을 느끼는 사람들은 나머지 '정상적인' 사회에 의해 열이 치밀어 오를 때 더 일탈적이거나 범죄적인 행동에 의존할 수 있다. 설상가상, 사회의 반응은 '급증하는 문제'를 해결하기 위해 더 적대적이고 가혹한 징벌이, 특히 미디어에 의해, 주어진다.

그러나 일탈 확대에 굴복하기 보다는, 불만을 품은 그룹은 그들의 일탈 이미지에 맞장구를 치기 시작할 수 있고 외부인들에 의해 그들에게 주어진 호의적이지 않은 낙인에 따라 자기 자신을 낙인 찍을 수도 있다. 특히 미디어는 나머지 사회에 의해 일탈자들에게 주어진 낙인을 보여주는 공적인 플랫폼을 제공할 수 있다. 더군다나 낙인은 바깥 세상으로부터 비난을 막기 위해 일탈 그룹내부에서부터 개별적으로 생겨날 수 있다. 예를 들어, 마약상들과 그들의 고객은 다른 마약에 이름을 붙이기 위해 다른(그들만의) 용어를 사용한다(e.g. 헤로인, junk, skag, civa, balck tar, muck, pigment로 불리운다). 그래서 이름을 붙이는 것은 외부와 내부에서 일어날 수 있다. '외부'의 낙인을 강화시키고 '내부'의 낙인을 확인하는데 있어 미디어의 역할은 중요하다.

뉴스 제작

뉴스가 이야기를 하는 것이 전부라면 이와 같은 이야기는 어떻게 만들어지고 사회를 위한 그 이야기의 결과는 무엇인가? 어떤 뉴스원이 강렬한 헤드라인과 맹렬한 논평으로 사건을 선정적으로 다룰 수 있다는 것은 상식이다(태블로이드 출판은 이런 측면에서 주요한 범인이 될 수 있다). 그러나 '뉴스 제작' 관점으로 알려진, 뉴스 제작에 대해 더 폭넓은 이론은 태블로이드 선정주의만을 비난하지는 않는다. 이런 관점에 따르면, 객관성의 렌즈를 통해서 사건을 제공할 때조차 뉴스는 언제나 현실에서 인위적으로 만들어진다. 뉴스가 상품이라는 사실은 사고 팔 수 있다는 것이다. 뉴스의 첫 번째 자질은 그렇기 때문에 구매력이다. 현실은 종종 너무나 따분하다!!! 뉴스는 팔려야 한다. 그래서 현실이 주의깊게 가공되고 포장되고 목적에 맞추어진다.

뉴스는 또한 사라질 수 있고 매일 새롭게 만들어져야 한다. 우유병처럼 신문은 매일 아침 사람들의 현관으로 배달된다-그리고 미래에 사용하기 위해 재활용된다(혹은 생선과 감자칩을 포장하기 위해 사용된다). 당신은 사소한 뉴스가 있는 날, 뉴스꺼리가 많지 않은 날은 있지만 뉴스가 없는 날은 없다-안돼! 그러면 이윤이 줄어들고 전체 뉴스 산업이 위태로워 질 것이다(이제 그것이 뉴스가 될 것이다!). 요약하면, 뉴스는 독자/시청자/청취자를 위한 FMCG(빨리 움직이는 소비자 상품)이다. 정말로 뉴스가 없으면, 새로운 뉴스를 찾아서, 밀봉해서 만들어내야 한다. 그 유명한 관용구를 도치시켜보면, 뉴스 기관에게 뉴스가 없는 것이 나쁜 뉴스이다.

뉴스 미디어와 연관이 있는 또 다른 관용구는 제 4신분에 관한 것이다. 역사적으로, 1신분은 성직자에 해당되었다: 2신분은 왕족과 귀족; 3신분은 대중(그리고 그들에 의해 선출된 대표). 언론이 4신분인데 18세기와 19세기동안 서구 사회의 중요한 특징으로 발전했다. 그러나 저널리스트가 민주주의의 대리자, 정직과 청렴의 옹호자, 수사관, 자유를 위한 투쟁가라는 진술은 다소 믿기지 않는 로맨틱한 생각이지만 오늘날 정부 통제와 검열에 맞서 싸워야 하는 저널리스트들에게는 해당된다. 뉴스 제조 관점에 따르면, 미디어가 몇몇 나라에서 4신분으로 작용할 수 있지만 많은 다른 맥락에서 미디어는 그들이 대변한다고 하는 대중의 이익에 반해서 작용하기도 한다.

도덕적인 패닉의 경우에, 뉴스는 최대 효과를 위해 만들어진다. 뉴스 미디어가 패닉에 불을 붙이지는 않지만 불에 연료를 주입하는 것과 같은 역할을 하는 것은 확실하다. 정말 중요한 것은 뉴스의 가치이다. 뉴스 가치는 전형적으로 드라마, 구경거리, 개성, 간결성, 화제성을 포함한다. 십대 갱 폭력은 뉴스 기자에게 쉬운 결정이다. 갱 리더와 멤버들은 현장 인터뷰를 위해 찾아야 하고 칼과 총도 클로즈 업으로 보여줘야 한다(그 흉기들이 실제 사건과 연관이 없다고 하더라도). 행동은 극적으로 재구성되어야 하며 그 이야기의 화제적인 중요성은 완전히 무관한 폭력적인 사건을 연결함으로써 지나치게 부풀려진다. 더군다나 2003년 Anti-Social Behavior Order(ASBO)는 영국 미디어로 하여금 성인 뿐만 아니라 반사회적인 아이들의 명단을 발표하게 했다. 10살 아이들이 공개 태형의 대상으로 몰렸다. 이것은 부당하게 보일 수 있지만 확실히 뉴스거리가 되고 광고주들을 미소 짓게 한다.

그러나 저널리스트들은 그들의 뉴스-제작 방법에 있어 비난을 받을 필요는 없다. 결국, 저널리스트들은 경찰, 법정, 정당 등이 그들에게 제공한 언론 보도에 의해 작업할 뿐이다. 저널리스트들은 그들의 조직 구조와 관행에 의해 강요받는다. 그들은 촉박한 데드라인에 맞추어야 하고, 우위를 점해야 하고, 편집장의 충고에 따라 결정해야 하고, 정해진 루틴과 관행을 따라야 하고, 도덕적인 코드를 따라야 하고, 다양한 업무를 동료와 함께 작업해야 하며, 커피를 타는 일 등등을 해야 한다. 시간과 공간의 압박을 줄이기 위해 뉴스 기관은 종종 뉴스 사건 '일지'를 쓴다. Boorstin이 가짜 사건에 대해 주장하는 것처럼, 우리가 TV와 라디오에서 접하는 대부분의 '라이브' 뉴스는 주입되고, 사전 계획되고, 전적으로 예상되는 것이다. 예기치 않은 완전히 자발적인 사건은 일어날 가능성은 아주 적다. 그렇게 많은 뉴스 제작이 새롭거나 흥미로운 사실을 보여주지는 않기 때문에, 뉴스가 갑자기 생겨나는 드문 경우에, 대단히 강한 사회 반응을 자극할 것이고('어머, 이런 일이 정말 일어나고 있어!'), 결국 지속적인 뉴스제작에 불을 붙이게 될 것이다.

도덕적인 패닉 이론

Folk Devils and Moral Panics(1972)[16]에서 남아프리카 사회학자 Stan Cohen은 낙인 이론과 일탈-확대 모델을 '도덕적인 패닉'이라고 일컫는 연구에 적용시켰다. 그의 주제는 1960년대 중반 영국에서 경쟁하는 젊은이들의 두 하급 문화에 대한 사회적인 반응이었다-mod족과 rocker족. 도덕적인 패닉에서 Cohen은 '상황, 에피소드, 사람이나 그룹은 사회적인 가치와 이익에 대한 위협으로 정의된다; 그 성격은 대중 미디어에 의해 스타일이 생겨나고 스트레오타입적인 방법으로 제시된다.' 그래서 문제가 확인되고, 미디어는 스트레오타입을 자유롭게 이용(영웅/악당 등)해서 이 문제에 대해 보도한다. 그리고 나면 사회적인 반응이 뒤따르고, 그 책임은 사회통제(새로운 법, 더 강력한 치안)를 도입하는 것으로 끝이 난다. Cohen은 남쪽 해안에서의 mod족과 rocker족 간의 소규모 접전에 의해 생긴 도덕적 패닉이 어떻게 폭력을 행사하는 사람들을 '사회의 적', 즉 '우리가 하지 말아야 할 것을 눈으로 상기시켜주는 사람들'로 낙인 찍었는지를 보여주었다. '사회의 악'은 도덕적 패닉을 구체화한 것으로, 경찰과 법적 시스템 뿐만 아니라 '올바르게 사고하는 사람들'에 의해 악당으로 낙인 찍혔지만 비슷한 외부인들에게는 희생자들로 환영 받는다.

뉴스 제조 관점과 유사하게, Cohen의 도덕적 패닉 이론은 미디어가 mod족과 rocker족 사이의 군중 소란을 객관적으로 보도하지 않는다는 생각에 근거를 둔다. 더 중요하게, 미디어는 사실, 폭력과 분열 수준을 과장함으로서 mod족과 rocker족의 일탈에 대한 사회적인 반응을 형성하는 것을 도왔다. 특히 태블로이드 신문은 '소리 지르는 군중'과 '파멸의 잔치'와 같은 극적인 문구를 사용했다. 이와 같은 극적인 뉴스 보도가 mod족과 rocker족이 주류 사회의 규칙과 질서에 가한 위협에 대해 대중의 관심이 더 커지도록 만들었다. 미디어는 두 젊은 하위 문화사이의 차이를 과장했다- mod족과 rocker족은 같은 노동자 계급의 이웃에 살았다. 그러나 rocker 하급 문화(오토바이, Hell Angels 이미지, Rolling Stone과 Elvis모티브)와 mod 하급 문화(스쿠터, 스마트 캐주얼 이미지, Beatles와 Kinks 모티브)를 병치하는 잇따른 미디어 재현은 차이를 더 크게 만들었고 간접적으로 더 많은 분쟁을 낳았다.

도덕적 패닉 이론은 미디어와 사회 공포 사이의 관계에 심금을 울린다. 그러나 Cohen의 생각이 도전을 받지 않은 것은 아니다. 논평가들이 그 시대의 mod족과 rocker족을 둘러싼 도덕적인 패닉을 악화시켰지만 이 두 그룹이 나타난 더 폭넓은 역사적인 맥락은 적대적인 사회 반응과 중요한 관계가 있다. 1950년대와 1960년대 영국의 부유한 십대는 비교적 새로운 현상이었고, 그들의 부와 소비력에 친숙하지 않은 기성세대가 싫어하고 불신했다. 미디어가 불을 지핀 도덕적인 패닉에 상관없이, mod족과 rocker족은 이 답답한 세대 간의 긴장('세대 차이'라고 알려진)을 위기국면에 치닫게 했다. 도덕적 패닉 이론은 미디어 보도가 사회 반응으로서의 여론의 규모에 미치는 나선효과를 과장한 것에 대한 죄책감을 가질 수 있다. 일반 대중이 대중의 관심이나 영향이 크지 않은 비교적 사소한 사건에 대해 광분하게 만드는 미디어를 공격하는 것은 특별한 경우는 아니다. 미디어에 의한 심판이 만연한 것처럼 보이지만 대부분의 이성적인 사고를 가진 사람들은 배심원단의 심판을 더 선호한다.

하위 문화

mod족과 rocker족과 같은 영국 젊은이들의 하위 문화는 도덕적인 패닉 이론에 확실히 영감을 불러 넣었지만 하위문화 이론은 나름대로의 전통이 있다. 하위문화의 다른 예들은 teds, punks, skinheads, goths를 포함한다. 하위문화는 나머지 사회에서 자신을 분리시키고 주류 정치, 종교, 상업과 매스미디어에 반대한다. 그들은 일탈적이지만 그들의 일탈은 대부분의 사회에 의해 정의되지는 않는다-하위문화는 규칙과 관습에 적극적으로 반항하지는 않는다. 하위문화의 구성원들은 대체로 젊고, 노동자 계층이고, 소외되는 경향이 있다. 그들의 근본적인 가치, 모티브, 행동은 세상을 바꾸려고 하지만 동시에 그들은 주로 지하에서 활동하고, 소비자 자본주의에 물들지는 않았다. 그렇기 때문에 하위문화가 주류 문화로의 통합에 저항하려는 시도를 할 때 도덕적인 패닉은 도움이 되지 않는다.

하위문화 이론의 가장 영향력 있는 버전은 영국 문화 비평가 Dick Hebdige의 Subculture(1979)이다. Hebdige의 설명을 지지하는 두 개념은 다음과 같다: 상동관계(homology)와 블리콜라주(bricolage). 상동관계는 하위문화의 가치와 하위문화의 가치를 표현하기 위해 사용하는 문화적 산물 사이의 상징적인 조화(fit)로 정의된다. 음악은 그들의 신념을 표현하기 위해 상동적인 하위문화에 의해 사용되는 가장 필수적인 미디어 산물이고 마약, 옷, 헤어스타일 등을 선택할 때 완벽하게 부합한다. 영국의 The Sex Pistols와 미국의 The Ramones와 같은 밴드는 사회 규칙에 대한 펑크스의 저항을 상동적으로 표현하고 그들의 무정부주의 정신을 표현했다. 사실, The Sex Pistols 회원들이 생방송 TV에서 반복적으로 욕설을 했던 1976년에 도덕적인 패닉은 영국의 태블로이드 언론에 의해 전파되었다.

Hebdige의 다른 개념, 블리콜라주(tinkerng에 대한 프랑스 용어)는 미디어와 문화적 산물에 원래 기능에 반대하는 하위문화의 의미를 첨가하는 창의적인 과정을 언급한다. 예를 들어, 펑크족은 블리콜라주(bricolage)를 실행하는데, 그들은 개목걸이를 어설프게 변형해서 애완동물을 위해 이용하기 보다는 자신들의 목에 거는 액세서리로 이용했다. 디지털 음악 샘플링-이전에 출시된 트랙을 믹싱하고 수정-은 반항적인 블리콜라주의 더 최근 현상이다. 상동관계(homology)와 블리콜라주(bricolage)는 주류 미디어와 다른 강력한 사회적인 힘에 의한 통합에 저항하는 하위문화의 힘을 설명하고, 순응주의자, 저작권, 상업적인 모든 것에 집단적으로 반대한다.

하위문화는 규칙에 대한 저항 신호로 여겨지며, 미디어 산물과 문화적인 대상을 만들어서 강한 신념과 화려한 스타일에 맞추고, 그들에게 찍힌 낙인을 거부한다. 불행히도 진짜 하위문화가 사라져 가고 있다는 사실을 사회 평론가들이 받아들인다. 하우스 뮤직과 1980년대 후반의 레이브(rave)문화 이래로 하위문화의 저항의 중요한 암류는 없었으며 레이브가 다양한 인종이 반영된 인구 통계와 다양한 목표를 고려한 통합된 하위문화인지 아닌지는 논쟁의 여지가 있다. 레이브(rave)와 클럽문화는 미디어의 논란의 여지가 있는 평가를 불러일으키는 것을 사전에 예방했다-이것은 도덕적 패닉에 사로잡힌 대중의 이미지로부터 자신들을 분리시키는 지하 하위문화로부터의 주요한 출발이었다. 클럽 잡지의 편집장과 같은 레이브 '대변인'들은 TV 뉴스 단신에서 엑스타시(estacy)는 사용자들이 적절히 교육을 받는다면 안전하게 소비될 수 있는 오락용 마약이라는 주장을 했다. 이와 같은 미디어의 '이것 보아라'식의 시선끌기는 체제전복적인 진위성을 보호하려는 기존의 하위문화에 의해 큰 의심을 받았다.

진정한 하위문화가 직면하고 있는 또 다른 문제는 상업적인 운영자가 그들의 스타일과 가치를 눈 깜짝할 사이에 잠식해 버리는 속도와 효율성이다. 하위 문화가 형성되자마자 대중 시장에서 상업화되고 대중화된다. 유행을 좇는 젊은이들(Chavs)은 Burberry와 '블링블링한' 것을 구매하고 중국인의 반짝이는 눈에서 수백만 달러의 패션과 보석이 유행 된다. 이와 같은 상황만으로는 하위문화가 주류 미디어 문화에 의해 부추겨진 하위문화의 상업적인 이용과 패닉적인 반응에 효과적으로 저항할 수 있다는 생각을 흐리게 만들 것이다. 아마 온라인 하위문화가 오늘날 가장 진정성 있고 실행 가능한 저항 형태일 것이다, 그리고 이 온라인 하위문화는 전 세계에서 비슷한 마음을 갖고 있는 사람들을 함께 모아 다른 전복적인 관행 가운데 저작권 침해와 파일 공유와 같은 불법적인 행위에 가담하게 할 수 있을 것이다.

검열과 규제

검열은 자유 언론의 제재와 억압이다. 다른 한편, 규제는 실제 억압에 가담하지 않고 말해지거나 보이는 것을 통제하려고 하는 것이다. 최근에 '언론의 자유'를 주창하는 사람들은 대부분의 논쟁에서 이겼지만 정치, 종교, 사회 평론가들이 열광하는 도덕적인 패닉은 종종 미디어 검열과 규제를 낳는다. 예를 들어, 서구 국가에서 웹내용을 차단하려는 몇몇 움직임이 최근에 철회되었다. 2008년에 독일의 헤비메탈 밴드 스콜피언스(Scorpions)가 영국의 인터넷 검열기관(IWF)에 의해 검열을 받은 1976년도 앨범 Virgin Killer(소매 커버만 하고 아무것도 걸치지 않은 사춘기 소녀를 묘사하는)도 Wikipedia에서 검색이 가능해졌다. 며칠 간의 많은 미디어 논쟁 이후, IWF는 대중의 압력에 굴복해서 누그러들었다. 1960년대의 염세적인 사회를 낳은 자유주의 운동에서 인기가 많았던 언론의 자유를 위한 캠페인이 한층 성숙해져서 우리 사회 합의의 특징이 되었다.

그럼에도 불구하고, 미디어 검열은 중국, 버마, 이란, 북한과 같은 나라에서의 삶의 방식이다. 중국의 미디어는 꼼꼼하게 검열을 받는데, 특히 인터넷. 모든 중국 웹사이트는 정부 허가가 필요하고 모든 웹 사이트 내용은 정부 관리에 의해 주의 깊게 여과된다. 많은 웹사이트는 정부에 의해 차단되고 사람들의 이메일 편지함조차 일상적으로 검열을 받는다. 'Great Firewall of China'는 또한 중국 사람들의 이해관계에 반하는 정보나 오락을 포함한 외국 웹사이트를 검열하려고 최선을 다한다. 정부는 Google과 Yahoo와 같은 주요한 회사에게 검색 엔진의 중국 버전의 결과를 검열하게 하고 '천안문 광장'과 같은 검색 용어는 엄격히 감시된다. 중국 시장의 거대하고 개발되지 않은 속성 때문에, 주요 미디어 회사는 보수적인 노선을 유지한다. 결국, 국가 주도의 자본주의는 다른 유형만큼이나 좋은 것이다.

주류 미디어 내용의 검열은 영국과 미국과 같은 민주주의에서는 비교적 드물지만, 종종, 영화는 상영 금지될 수도 있고 TV 방송사는 행동 지침을 위반해서 방송 정지가 되고 노래 가사는 계속해서 재녹음된다. 미디어 규제는 더 일반적이지만 최근 수십년간은 검열처럼 완화되었다. 사실 1980년대에는 영국의 TV 산업은 대처 정부에 의해 규제가 완화되고 민영화되었다. 공공 서비스 방송은 더 시장 주도적이었다. 전통적으로 BBC와 연관이 있는 교육과 도덕적인 예절의 리스 원칙(Reithian principle: 영국 공영 방송의 3가지 원칙)은 소비자 자주권의 요구에 굴복했다. Channel 4는 TV 규제 완화에 직면하게 되었고, 컨텐츠를 내부에서 제작하기 보다는 독립적인 제작 회사에 경쟁적으로 할당했다. 1981년에는 단지 세 채널만이 영국 전역에 방영되었다. 규제 완화는 우리가 오늘날 마주하는 멀티채널 TV 환경의 발판을 마련하였다. 역설적으로, 규제완화와 민영화에 대한 도덕적인 우려는 최근 몇 년간 '쓰레기 같은 비디오 영화', 하드코어 포르노 영화와 다른 폭력적이거나 음란한 내용에 대한 접근의 용이성에 대한 새로운 공포에 의해 반영되있다.

검열과 규제는 미디어 효과의 도덕적인 패닉에 대한 전형적인 반응이다. 예를 들어, 영국의 영화는 초창기에는 검열이나 규제가 거의 없었다. 그래서 아이들과 성인 둘 다 공상 영화를 볼 수 있었다. 1910년대에 언론이 부추긴 도덕적인 패닉이 거리 범죄와 폭력적인 영화에 나오는 청소년을 연관지으면서 영화에 연령별 구분이 생겼다. 유명한 예로 1950년대 엘비스 플레슬리(Elvis presley)의 힙을 빙빙 돌리는 TV 퍼포먼스는 허리 밑으로는 검열하여 삭제되었다.

21세기에, 도덕적 패닉은 주로 비디오 게임에 집중되었고 인터넷은 검열의 새로운 형태를 낳았다. 각각의 경우에 아이들과 젊은 사람들은 반사회적인 행동의 가해자이기도 하고 희생자로 보여지기도 한다-이것이 정치인들과 정책가들이 더 엄격한 법과 규정을 새로운 형태의 미디어와 대중문화에 적용시킬 수 있는 변명이 된다. 그래서 밀월 기간이 끝나기만 하면, 대부분의 미디어와 문화 형태는 검열이나 규제를 받는다. 신기술이 오래된 기술을 대체할 때, '밀월기간-규정 제정-규정 완화'의 사이클이 지속된다. 다른 한편, 검열을 반대하는 사람들은 언론의 완전한 자유를 위한 캠페인을 지속한다. 때때로, 불필요한 패닉에 접했을 때, 반-검열 캠페인은 '이성의 목소리'로 칭찬 받는다. 그러나 미디어가 부추긴 도덕적인 패닉이 사회적인 합의를 반영하는(비교적 드문)경우에는, 반-검열 캠페인 활동가들은 진보적인 견해와 채식주의자 감성을 가지고 있다고 비난을 받는다.

X 유명인사와 팬덤

10

유명인사와 팬덤

도덕적인 패닉에서 유명인사와 팬덤까지-'히스테리', '광신주의', '열풍'과 '매니아'와 같은 단어가 어떻게 미디어 연구의 주제가 되었는지를 고려해 보면 한가지 적절한 움직임을 포착할 수 있다. 사실, '유명인사 문화'는 오늘날의 명성과 유명인과의 매력을 묘사하기 위한 상투적인 문구가 되어왔다. 그러나 우리는 주의 깊게 살펴봐야 한다. 유명인사는 새로운 현상이 아니다. 알렉산더제왕은 군사 기량덕분에 고대 그리스의 유명 인사였다; 윌리엄 셰익스피어는 오늘날 뿐만 아니라 그 당시에도 유명인이었다; 스포츠 유명인사 측면에서 19세기 영국 크라켓 선수인 William Gilbert(WG) Grace는 위대한 선수로 여겨진다. 팬이 되는 것도 새로운 경험은 아니다. 팬덤의 역사는 영국 해협을 수영해서 건너거나 1마일을 4분 이내에 주파하는 달리기 경주와 같은 스포츠 경기에서 위대한 업적을 이룬 영웅을 보려고 애쓰는 거대한 무리의 사람들에 뿌리를 두고 있다. 유명인사와 팬덤(그리고 둘 다에 대한 도덕적인 패닉)은 언제나 함께 해 왔다.

그러나 요즈음 유명 인사들은 그들의 팬들에게만 만족하지 않는다-모든 사람은 유명인들의 이미지로 인해 공격을 받는다. 몇몇 역사적인 변화는 유명 인사를 현대 미디어 문화의 전면에 가져왔다. 아마 가장 중요한 변화는 현재 종교의 역할이 줄어들었다는 것이다. 성스러운 시기에 유일하게 인정받은 유명인들은 성서에 나오는 인물들이었다, 하느님과 예수 그리스도가 기독교인들의 평가에서 높은 위치를 차지한다. 기독교와 관련이 없는 사람이나 사물을 경배하는 것은 악마의 일로 비난받았다. 시간이 지남에 따라, 군주는 성경에 나오는 인물을 왕과 여왕의 성스러운 권리로 대체했고-지상에서 하느님의 하인-유명인사의 위치를 위한 근간을 마련했다. 그러나 민주적인 통치가 선진국 정치의 중심이 되자, 그렇게 강력한 독재자와 정치 지도자들은 역사책으로 물러났다. 우리가 지금 유명인사라고 부르는 것과 가까운 새로운 공적인 인물이 정치와 사회문제의 영역에 들어가기 시작했다.

그리고 더 중요한 변화는 20세기 초 중반에 소비자 자본주의 문화로의 전환이었다. 제품은 소비자를 필요로 했다. 그래서 새로운 역할, 즉 제품을 지지하고 홍보하는 역할이 '제품 홍보 대사(product ambassadors)'를 위해 만들어졌다. 동시에, 유명인사들은 음악당, 영화관, 잡지 등등에서 일상적으로 소비될 수 있었다. 그리고 소비자 중심주의의 성장과 더불어 매스미디어의 성장은 유명인사의 의미를 바꿔놓았다. 그리고 유명 인사들을 대중들이 볼 수 있도록 해 주었다, 그렇다면 우리 일반 대중들이 가지고 있지 못한 무엇을 유명인사들이 가지고 있을까?

카리스마

어떤 특별한 재능덕택에 명성을 얻은 개인들은 카리스마를 가지고 있다고 한다. 독일 사회학자 막스 베버(Max Weber)는 정치 지도자와 그들의 추종자의 관계에 있어 카리스마에 대해 많은 연구를 했다. 대부분 정치 시스템은 증권 시장과 헌법과 같은 이성적인 구조에 의해 지배되는 관료주의로 운영된다고 베버는 주장한다. 반대로, 카리스마는 관료주의적인 구조를 필요로 하지 않고 합의를 이루어내는 정치 리더십 형태이다. 베버는 카리스마가 있는 사람을 초인적인, 신과 같은 힘으로 축복 받은 사람으로 본다. 히틀러와 처칠과 같은 인물이 카리스마와 연관이 있다.

정치 지도자처럼 미디어 유명인사도 카리스마가 있을 수 있다. BBC 라디오 코메디언 Tommy Handley는 2차 세계대전에서 처칠처럼 영국 사람들에게 사기를 진작시키는 역할을 했다. 그리고 TV가 많이 보급됨에 따라 Muhammad Ali와 Elvis Presley는 세계 정치 지도자들처럼 카리스마가 있었다. 공적으로 그들의 행동에 책임을 지는 정치 지도자들보다 사실 미디어 유명인사들이 카리스마적인 성격으로 위험을 감수하기 쉽다. 그래서 카리스마가 개인이 모든 사람들과 화학적으로 반응하게 하는 마법적인 요소지만, 카리스마가 있는 사람들의 철저하고 걱정없는 태도가 필요하다. 많은 카리스마가 있는 인물들이 역사과정에서 진정한 카리스마가 빛을 발하기 전에 이미 많은 부를 소유하고 있어서 일을 계속 유지하는 것은 중요하지 않고 좋아하는 것을 말하고 하는 것이 일상이 되었다는 사실을 발견하는 것은 놀라운 일이 아니다.

그러나 카리스마가 있는 개인은 어떻게 그렇게 강력한 힘으로 대중들의 마음을 사로잡을 수 있을까? 그 해답은 프로이드의 정신분석에 있을 수 있다. 프로이드는 정신은 세가지 욕구에 의해 작용한다고 주장 한다: id, ego, superego. id는 욕구와 본능과 연관이 있는 무의식적이고, 비이성적인 욕구이다(어린 아이들은 이 욕구를 보여준다); ego는 이성과 사회적으로 받아들일 수 있는 태도와 대등한 의식적인 욕구이다; superego는 옳은 것과 잘못된 것에 대한 도덕적인 양심을 받아들이는 욕구이다. 완전히 성숙한 성인에게는 ego와 superego가 대부분의 일상적인 정신 과정의 근간을 이루는 반면, id는 '차마 말로 할 수 는 없는' 바람과 갈망으로 채워져서 우리 의식에 의해 억압된다(정말, id는 우리 꿈의 어두운 부분을 나타낸다). 프로이드에 따르면, 카리스마의 비밀은 사람들의 id를 이용해서 억압된 욕구를 활성화시키는 것이다. 사람들이 지도자와 유명 인사들과 강한 일체감을 형성해서 그들을 아버지 모습으로, 자신들을 id에 찌든 아이들로 여길 때 카리스마를 느끼는 과정이 형성된다. 이와 같은 과정이 사람들이 미디어에 의해 그들에게 알려지기만 한 개인에게 갖는 사랑, 열병, 엄청난 자신감과 그 카리스마가 있는 인물이 죽을 때, 말로 다 할 수 없는 슬픔을 쏟아내는 현상을 설명할 수 있을 것이다.

유명인사들

그래서 유명 인사들은 다소 개인차는 있지만 카리스마가 있다. 그러나 유명인사들이 모두 같은가? 아니다. 그리고 우리는 유명인들과 스타덤의 차이를 아직 논의하지 않았다. 영국 사회학자 Chris Rojek의 Celebrity(2001)에 따르면, 세 가지 유형의 유명인사가 있다:

1. 타고난(주어진) 유명인: 이 유형은 왕족이나 유명인의 자녀처럼 혈연에 기초한 미리 결정된 유명인이다. 예를 들어, 윌리엄 왕자와 첼시 클린턴이 타고난 유명인이다.
2. 성취된 유명인: 이 유형은 어떤 특별한 재능, 기술, 자질 덕택에 위대함을 성취한 개인에게 주어진다. Roger Federer와 Venus Williams와 같은 스포츠계의 스타가 성취된 유명인이다.
3. 속성 유명인: 이 경우에는, 한 개인이 위대한 재능이나 유명한 혈연관계 없이 유명인이 된다. 그들의 유명세는 그들이 원하던 원치 않던 전적으로 미디어가 만들어낸 것이다. 고 Jade Good (전 Big Brother 참가자)와 같은 Reality-TV 인물은 속성 유명인이다. Kate와 Gerry McCann처럼, 개인들의 비극적인 환경 때문에 미디어로부터 각광을 받게 될 때 속성 유명인이 된다.

확실히, 모든 세 유형의 유명인은 오늘날 일반적이다. 그리고 몇몇 개개인은 한 유형 이상에 속한다. 예를 들어, George W Bush는 성취된(8년간 미국의 대통령을 지낸 것은 뛰어난 업적이다) 유명인인 동시에 타고난 유명인이다(그의 아버지, George H W Bush또한 대통령이었다). 그러나 속성 유명인 유형이 21세기 미디어 문화의 가장 뚜렷한 산물이다. 평범한 사람들이 지금처럼 유명인이 된 적은 없었다. 그래서 그 용어의 의미를 바꾸고 있다(Boorstin과 Warhol은 확실히 예언적이다). 미디어는 평범한 사람을 특별한 사람으로 바꾸어놓는다, 왜냐하면 우리 옆집에 살 수 있는 사람들에 대한 '개천에서 용이 된' 이야기가 더 흥미를 끌기 때문이다-그런 이야기가 신문, 광고 지면, 전화 투표 등에 팔린다.

스타

스타는 카리스마가 있다. 그렇다면 유명인과 스타의 차이는 무엇인가? 대체로 유명인들은 다양한 미디어 매체에서(캐릭터가 아닌) 자기 자신의 모습으로 등장한다. 타이거 우즈(Tiger Woods)는 언제나 타이거 우즈이다(심지어 나쁜 날에도). 그러나 스타는 그들 자신과 그들이 맡은 캐릭터 둘의 의미를 가진다. 스타는 다른 무엇보다도 캐릭터를 쫓는 배우이다. 탐 크루즈(Tom Cruise)는 종종 탐 크루즈가 아니다(심지어 좋은 날에도). 토크 쇼에서 인터뷰하고 있는 탐 크루즈는 유명인 탐 크루즈이지만 영화에서 그는 언제나 그의 배역을 연기하고 있다. 그래서 유명인과 배역이 결합해서 '탐 크루즈'라는 스타를 만들어낸다.

오늘날 우리는 스타덤을 당연하게 여긴다-영화 스타, 팝 스타, 리얼리티 TV 스타, Stars in their eyes, dancing with the Stars(2005-), 미슐렝 맛집의 요리사, 명예의 거리의 스타, Star vehicles, Five Stars and more stars. 그러나 미국 스타 시스템에서 스타덤의 기원은 파란만장한 역사를 갖고 있다. 주요한 영화 스튜디오는 다른 직원(카메라맨, 디자이너, 조명기사등)을 희생해서 재정적으로 이익을 보지 않도록 하기 위해서 처음에 마지못해서 배우의 이름을 홍보했다. 그러나 1945년경, 헐리우드가 미국의 East Coast를 영화 제작의 본거지로 만들었고, 그 스튜디오는 스타 상품이 얼마나 귀중한지를 깨달았다. 스타는 영화와 극장을 홍보하기 시작했고 곧 그들은 자신을 홍보하기 시작했다.

동시에, 찰리 채플린, Mary Pickford와 같은 첫 번째 헐리우드 스타는 함께 모여서 United Artist라는 회사를 만들어서 스튜디오로부터 재정적인 독립을 꾀하였다. 1950년대와 1960년대에 상황이 바뀌었고,

스타 시스템은 스튜디오가 쇠락했을 때 할리우드를 빚을 지지 않게 도왔다. 그러나 1960년대가 지나고 나서야 비로소 스타 시스템이 성공할 수 있는 유명인들의 범위를 제한해 왔던 산업상의 제약을 대수롭지 않게 여기게 되었다. 예를 들어, 1960년대 말까지, 두 유형의 남자 스타만 있었다: 터프한 남자(John Wayne 또는 James Dean)와 세련된 신사(Fred Astaire 또는 Cary Grant)

영국 영화 이론가인 Richard Dyer는 Stars(1979)[17]에서, 스타 카리스마를 이데올로기 구성으로 분석한다. Dyer는 '스타 이미지는 이데올로기 내에서와 이데올로기 간의 모순에 관하여 중요하게 작용하고 그 이미지가 다양하게 이데올로기를 운영하고 결정한다'고 한다. 그러나 예외적인 환경에서, 스타는 지배적인 이데올로기에 반대하는 역할을 한다. 예를 들어, 무하마드 알리(유명인이자 스타로 정의될 수도 있는)는 베트남 전쟁 중 미국군에 참전 하는 것을 거부하였고 'White America'가 지배하였을 때 흑인 이슬람신앙을 옹호하였다. 그 당시의 알리의 구루(스승)인 흑인 인권운동가인 Malcolm X 또한 반체제주의 스타였다.

스타가 그 시대의 지배적인 이데올로기에 순응하든지 혹은 반대하든지는 스타의 위치에서 결정적인 요인은 아니다. Dyer는 스타는 그들 시대의 이데올로기적인 긴장을 포착함으로서 사람들에게 퍼뜨려야 한다고 주장한다. 그는 1950년대 Hollywood 스타 마를린 먼로의 예를 이용한다. 네, 그녀는 아름다웠다; 네, 그녀는 노래하고 연기할 수 있다; 그러나 이와 같은 특성만으로 그녀가 위대해지기에는 충분하지는 않았다. 많은 아름다운 배우들이 있었지만 그들 모두가 스타는 아니다. Dyer에 따르면 먼로는 관대한 성생활과 언론의 자유에 대한 진보적이고 페미니스트적인 이데올로기를 대변했을 뿐만 아니라 여성과 미에 대한 전통적인 관점으로 가득한 처녀의 순결과 성적인 관능의 모순적인 결합이었다. 먼로는 그녀를 사랑하는 대중의 경쟁적인 사회적 가치를 구체화시키고 포용하였다.

스타는 확실히 복잡하다. 몇몇 선택된 사람들이 매번 같은 역할을 맡는다(아놀드 슈왈츠제네거는 전형적인 액션 히어로이다). 그러나 스타시스템이 수년에 걸쳐 정교해짐에 따라 스타들이 고정된 배역을 피하고 진정성 있고 다양한 역할을 할 필요성이 더 커졌다. Dyer는 스타 이미지가 진정성과 다양성을 위해 만들어지는 세 가지 방법을 제안한다:

1 선택적인 이용(Selective use): 이것은 조명, 대본, 의상 등을 이용해서 스타 이미지의 어떤 부분은 밝히고 다른 부분은 숨기는 과정이다. Renee Zellweger는 Bridger Jones Diary(2001)에서 평범하고 통통하고 30대로 보이게 선택적으로 만들어졌지만 그 이후로 영화에서는 아름답고 아주 날씬한 역할을 맡았다.

2. 완벽한 일치(Perfect fit): 이 경우에는 스타의 이미지와 캐릭터를 구분하기 힘들다. 그래서 짐 캐리는 Ace Ventura영화나 Bruce Almighty(2003)에서 슬랩스틱을 하고 흉내를 내는 코메디언으로 완벽하게 부합된다.

3. 문제가 있는 부합(Problematic fit): 이 경우는 스타와 캐릭터가 모순될 때 일어난다. 때때로 문제는 잘못 캐스팅된 것이지만 문제가 있는 부합이 성공적으로 해결되면, 스타는 이상적인 이미지를 재발견한 것으로 찬사를 받는다. Pulp Fiction에서 존 트라볼타의 청부살인자 역할은 문제적인 부합이었지만 그의 커리어를 바꾸는데 도움을 주었고 그가 Grease (1978)과 Saturday Night Fever (1977)에서 보여준 고정된 배역 이미지를 벗게 해 주었다.

요즈음, 특히, 가장 인기 있고 오래가는 스타들이 보통 완벽하게 부합하는 역할을 맡는다고 하더라도, 우리 시대를 반영하고 가장 진정성이 있는 것처럼 보이는 스타들은 이 세 이미지 구성에 모두 참여한다.

의사인간관계(Para-social interaction)

스타와 유명인을 이해하는 또 다른 방법은 그들이 대중과 어떻게 상호작용을 하는 가에 관해 생각하는 것이다. 먼내면의 평범한 사회 직용과 유사하게, 의사인간관계(para-social interaction)는 미디어 인물과 대중사이의 명백한 친밀감을 나타낸다. 이와 같은 친밀감은 친척과 친구사이의 상호작용과 같은 더 전통적인 친밀감을 대체할 수 있다. 의사인간관계는 친밀한 미디어 퍼포먼스에 의해 활발해진다. 예를 들어, 개인 연기자의 라디오와 TV 클로즈업의 대화 스타일은 청취자와 시청자들에게 개인적인 애정을 키울 수 있도록 도와준다. 스튜디오의 청중은 방송에서 더 폭넓은 사회적인 태도를 안내하는데 중요한 역할을 한다. 그래서 스튜디오 청중은 언제 웃을지, 환호할지, 울지, 공포에 의해 놀랄지 등등에 대해 미디어 청중들에게 신호를 보낸다.

세미나 에세이 'Mass Communication and Para-Social Interaction (1956)'에서 미국 미디어 이론가인 Donald Horton과 R Richard Wohl은 의사인간관계(para-social interaction) 뿐만 아니라 페르소나(personae)의 개념을 논의한다. 페르소나(perosonae)는 미디어 청중들과 친숙한 의사인간관계를 형성 할 수 있는 유명인의 성격이다. 중요한 것은 페르소나가 청중들을 위한 '지속적인 관계'를 형성 할 수 있도록 도와주고 이 지속적인 관계 형성이 없다면 스트레스를 줄 수 있는 변화의 세계에서 그 유명인들은 변함없이 그대로 남아있다는 것이다. 그래서 페르소나와 의사인간관계는 사람들에게 서로간의 실제 상호작용에서 내재되어있는 불확실성으로부터의 회피할 수 있는 수단을 제공한다. 그러나 Horton과 Wohl은 폭넓은 애정을 받기 위해서 페르소나가 열심히 작용해야 한다는 것을 보여준다. 자신에 대한 전문적인 표현은 의사인간관계의 친밀감을 자극한다-미디어의 편재로 유명인-청중간의 친밀감을 보장 할 수는 없다. 그렇기 때문에 페르소나는 거래의 속임수를 이용한다- 스튜디오 청중을 섞고, 진실과 코메디를 혼합하고, 노래를 부른다-그래서 그들이 보거나 듣거나 할 수 없는 개인들과의 의사인간관계를 효과적으로 형성할 수 있도록 한다.

비슷하지만 더 현대 버전의 의사인간관계는 영국의 사회학자 John Thomson의 '중재된 의사상호작용'에 대한 개념이다(The Media and Modernity, 1995). 그는 미디어 개인과 청중간의 상호작용이 즉각적인 상호작용이 아니고; 완전히 쌍방향이 아니기 때문에 '의사상호작용'(상호작용을 닮은)이라는 용어를 사용한다. 이메일이나 면대면 대화는 상호성을 허락하지만 TV 유명인과 대중사이의 상호작용은 의견의 즉각적인 교환을 허락하지 않는다. TV 유명인이 교환의 법칙을 결정하고 Thompson이 'televisibility(TV에서 볼 수 있음)'라고 부르는 것을 소유한다-시공간상의 거리와 시각 및 청각상의 존재의 모순적인 혼합. 즉 TV 유명인은 청중이 소유한 시간과 공간 밖에 위치하지만 이상하게도 우리 눈과 귀에 존재한다. 이것은 우리가 사실 유명한 미디어 인물과 면대면으로 접할 때 우리가 경험하는 이상한 감정을 설명한다. 유명인의 TV상의 존재와 일상에서 유명인과의 순간적인 공존사이의 엄청난 차이가 종종 우리를 놀라게 하고('나는 그녀가 그렇게 키가 작은지 몰랐어', '그는 코를 닦고 있었다.'등) 중재된 의사상호작용에서 주의 깊게 만들어진 환상을 깨뜨린다.

중재된 의사 상호 작용과 'televisibility(TV에서 볼 수 있음)'는 때때로 면대면 조우에 의해 혼란에 빠지기만 한 것은 아니다. 의사 상호작용의 절반(즉 미디어 청중)은 'televisible(TV에서 볼 수 있는)' 관계를 갖기 위해 돌진한다. TV 뉴스 진행자가 인터뷰한 유명인들은 예를 들어, 흥분하지 않게 주의를 해야 하거나 청중의 불평을 두려워해서 너무 논란이 되는 것을 얘기 하지 않도록 주의를 해야한다. 물론 모든 종류의 미디어 인물들은 그들의 상품성을 최대화하고 악평을 최소화하는 것을 목표로 하는 철저한 홍보 훈련(PR training)을 받는다. 정치인들은 언론담당자로부터 어떤 코멘트를 해야할지 하지 말아야 할지에 대한 조언을 듣고 나서 TV 토론의 잠재적인 위험에 그들을 노출시킨다.

그러나, 홍보 훈련과 언론 홍보에 상관 없이, Thompson은 어떻게 미디어가 만물을 꿰뚫어보는 대중의 눈을 위해 연단을 제공하는지를 보여주고, 유명인이 그들의 말과 행동에 책임을 지게 강요했다. 결국, 미디어 청중은 거의 민주적이고 긍정적인 목적을 위해서 중재된 의사상호작용에서 그들이 본 것과 들은 것에 따라 행동한다. 예를 들어, 대중은 그들과 '관계가 있는' 정직한 사람에 종종 더 호의적이다(이 '정직한 사람들'이 다소 난잡한 사생활을 하는 백만장자 유명인이라고 하더라도). 이와 비교했을 때, 그들의 사생활에 대해 거짓말을 하거나 말과 행동이 다른 유명인들은 위선자로 비난받고 그들의 팬과 추종자를 잃게 된다. 간단하게 말하면, 의사인간관계와 중재된 의사상호작용은 둘 다 비슷하게 유명인의 위치를 만들 수도 있고 파괴 할 수도 있다.

팬

그래서 유명인과 미디어 연기자들이 시작한다고 하더라도 의사인간관계와 중재된 의사상호작용은 청중이 의사소통 서클을 완성할 필요가 있다. 청중에 대한 중요한 미디어 연구 접근법은 팬의 역할에 집중한다. 용어 '팬'은 '광적인 사람(fanatic)'의 줄임말이다. 광적인 사람들은 보통 반대하는 것으로 비추어진다. 팬은 그들이 시간과 에너지를 투자하는 것이 무엇이든지 간에 그것에 사로잡혀있고 미쳐있고 그저 바보같을 따름이다. 그러나 팬은 미디어 산업을 위한 중요한 상품이고 더 나아가 유명인을 위한 직업이다. 팬은 무엇보다도 유명인이 수익성이 좋은 후원 계약을 얻는 것을 돕고 미디어가 광고 지면을 팔 수 있도록 돕는다. 사실 유명인의 중요성(A-list, B-list 등)은 팬클럽의 규모에 의해 쉽게 측정된다. 청중은 오고 가지만 팬은 잡지, CD, DVD 뿐만 아니라 머그컵, 티셔츠, 패션 악세서리, 헤어 제품, 전기, 핀업 포스터, 콘서트 티켓, 구독, 축구화, 골프채, 한정판 박스 세트... 끝도 없이 구매한다.

그러면 팬은 정말 어리석은가? '네'라는 주장은 팬을 주요 회사가 분배하고 홍보하려고 하는 제품에 대한 타겟으로, 미디어 소비자로 보는 것이다. Adorno의 문화-산업 관점은 팝 뮤직의 팬을 냉소적으로 만들어진 아이돌의 가짜 성격에 매혹된 '감정적인 유형'으로 제시했다. 10대 소녀 팬의 지속적인 모습이 딱 들어맞는 예이다. 음악 산업은 전통적으로 팬덤의 두 모델을 만들었는데 소년들을 대상으로 할 때는 남자 락(rock) 밴드를 홍보하기 위해 사용된 영업 계책을 이용하고 소녀 팬들을 타겟으로 할 때는 듣기 쉽고 마음을 울리는 남자 가수나 디바에 관한 캠페인을 이용한다. 이 현상은 최근까지, 극소수의 여성 락 뮤지션이 잠깐동안 활동했을 따름이라는 사실에서 입증되었다. 그리고 락 음악을 하는 여성 뮤지션은 남성과 여성 팬 모두에게 어필을 하지 못한다는 것이 일반적인 생각이다. 홍보 목적으로 이와 같이 성별을 구분하는 데 있어 음악 산업의 오랜 기간의 성공은 팬덤을 소비자 권한 부여로 보는 진보적인 관점에서는 좋은 징조가 아니다.

다른 한편, 어떤 유명인들은 소녀/소년, 팝/락 구분을 초월하는 팬 베이스를 개발한다. 예를 들어, 마돈나는 여성 이미지와 성적인 정체성을 포함해서 오랫동안 성공적인 커리어 내내 페르소나를 바꾸었다. 그리고 이것은 그녀가 충실하고 복잡한 팬층(남성, 여성, 이성애자, 게이, 양성애자 등)을 확보할 수 있게 도와주었다. 앞에서 언급한 소비자의 힘에 관한 이론가 Fiske는 자신의 권한을 상상하는 마돈나의 십대 팬은 이 환상을 행동으로 옮겨서 사회적으로 권한이 있는 것처럼 행동함으로써 자신을 위한 사회적인 영역을 확보했다. 그래서 마돈나는 레즈비언과 같은 금지된 주제를 재미있고 진보적인 방법으로 다루는데 있어 젊은 여성 팬들의 롤 모델이다. 마돈나는 가부장제의 악한이고 페미니스트 정체성 정치의 영웅이다. 간단히 말하면, Fiske는 성공을 위한 표준화된 양식으로부터 탈피하고자 하는 유명인의 팬들은 그들 자신들의 삶에서도 똑같이 진보적인 목적을 달성한다고 주장한다.

소비자 저항에 관한 Fiske의 이론은 논쟁의 여지가 있지만 팬 문화의 잇따른 미디어 민족지학에 영감을 불어넣었다. 이들 중 단연 최고인 미국 문학 이론가 Henry Jenkins의 Textual Poachers(1992)[18]는 팬 관행을 의미있고 창조적이고 생산적이라고 강하게 옹호한다. Jenkins는 '팬들은 자신의 문화적인 생산을 위한 원자재와 사회 상호작용을 위한 근간을 제공하는 대량 생산된 텍스트를 완전히 익혀야 한다'고 주장한다. 앞장서 있는 개처럼 팬들을 이끌어서, 지배적이거나, 협상적이거나 반대하는 코드를 그들이 소비하는 미디어로 해독하지는 못한다. 반대로, Jenkins는 팬들은 그들의 삶의 특별한 순간에 가장 교활한 제작사나 출판사의 상상의 범위를 넘어서는 특별히 헌신적인 행동에 가담한다고 한다.

더군다나, Jenkins는 팬들은 미디어 생산 과정에서의 결정에 영향을 줄 수 있다고 주장한다. 팬들은 자신의 관점을 표현하기 위해서, 예를 들어, 한 밴드의 최근 앨범 재킷 디자인이 어떻게 보여야 하는지에 대해서, 종종 자기 자신들 뿐만 아니라 미디어 제작자들과 유명인들과 상호작용하려고 노력한다. 팬들은 또한 자신의 팬 텍스트(팬 잡지,

웹 잡지 등등)를 인코드하고 집회, 회의와 다른 사회 이벤트에 참석한다. Trekkies-미국 TV 시리즈 Star Trek(1966-9)의 팬의 국제적인 네트워크에 주어진 이름-는 아마도 Jenkins가 미디어에 의한 팬덤의 '참여적인 문화'라고 부르는 것의 가장 좋은 예이다. 팬 참여의 더 최근 예는 컬트 10대 TV 드라마 The OC(2003-7)인데, 이 드라마는 쇼와 주요 등장인물을 위한 팬 웹사이트와 포럼을 만들었다. 팬들은 '똑바로 살' 필요가 있는 수동적인 소비자는 아니다; 그들은 그들이 가장 좋아하는 미디어와 유명인 텍스트의 생명선을 위한 활동적인 기부자이다. 그리고 팬 아티스트가-그들이 가장 좋아하는 것들로 이루어진 예술작품를 만들고 파는 개인들-특히 참여자이다.

팬덤의 장점이나 단점에 대한 양면적인 논쟁의 뿌리는 Ang이 미국 TV 시리즈 Dallas(정치 경제에 대해 이전에 논의된)에 대한 그의 연구에서 밝혔다. Dallas를 싫어하는 Ang의 응답자들은 대중문화의 이데올로기가 미국 문화 가치에 대한 냉소적인 유화정책이라고 주장할 때, 대중문화의 이데올로기 내에서 비판적인 입장을 취할 수 있다. 그러나 Dallas 팬들은 그 TV 시리즈를 좋아하는 이유를 설명할 때 강력한 이데올로기적인 틀을 가지고 있지는 않다. Ang은 이 팬들은 포퓰리즘의 이데올로기를 분명히 표현할 수는 있다고 제안한다-'아무도 취향을 설명할 수 없다'-그 이데올로기는 소비지상주의 언어와 영합하여 비하되었다. 팬들은 그들이 소비하는 제품에 대한 이데올로기적인 기능에 대한 중요한 인식이 없었기 때문에 효과적으로 강력한 이데올로기적인 소비자 위치에 놓여있지는 않다. 요약하자면, 감정보다 사고가 중요한 것이 아니라 사고보다 감정이 더 중요하다는 사실을 정당화시킬 수 있는 이성적인 논쟁을 펼치는 것이 더 어렵다. 이와 같은 사실은 팬의 기쁨이 비합리적이라고 너무 쉽게 조롱하고 팬을 비평하는 사람들이 팬들보다 덜 감정적이지도 않고 가치 판단에 있어 반드시 더 설득적이지도 않다는 점을 입증한다.

XI 내러티브와 장르

11

내러티브와 장르

유명인과 스타덤처럼, 내러티브와 장르도 그렇게 보이지 않을 때 조차도 최고로 구성되고 만들어진다. 스타를 영화나 인기 있는 음악을 팔기위해 상품으로 시장에 내놓는 것과 같은 방법으로, 내러티브 스타일과 장르적 카테고리도 확실히 그려져서 청중으로 하여금 그들에게 소개된 영화나 음악과 내러티브와 장르를 동일시하게 한다. 애매모호함은 상업적인 미디어의 경쟁적인 영역에서 재앙을 불러일으킨다. 그러나 내러티브와 장르(유명인처럼)는 제작자만큼이나 청중에 의존한다. 청중들은 내러티브를 '얻고' 장르를 '정할' 수 있어야 한다- 그들이 하고 할 수 있다면(그리고 그들이 보고, 읽거나 들은 것을 좋아한다면), 팬과 추종자층이 생겨서 문제가 되고 있는 미디어 제품이 장수 할 수 있게 도와줄 것이다. 그렇기 때문에 미디어는 내러티브와 장르 관습을 이용해서 친숙함을 부추기고 인기의 불씨가 더 잘 탈 수 있게 해 준다. 그래서 아마 가장 잘 알려진 미디어 관습은 6단어로 묶을 수 있다.

누가, 무엇을, 어떻게, 어디서, 언제, 왜

영국의 시인 Rudyard Kipling은 이 고전적인 뉴스 양식의 창시자이다. The Elephant's Child (1902)에서, 그는 다음과 같이 썼다:

> 나는 6명의 정직한 서빙하는 사람들을 유지 한다
> (그들은 나에게 내가 아는 전부를 가르쳤다)
> 그들의 이름은 무엇, 어디서, 언제, 어떻게, 왜, 그리고 누구이다.

저널리스트들은 태곳적부터 이 간단한 내러티브 모델을 따라왔다, 그것이 뉴스를 제외하고 다른 내러티브에 적용될 수 있지만. 스포츠 중계, 장편 영화, 다큐멘터리, 노래 가사와 모든 종류의 다른 미디어 내러티브는 이와 같은 양식을 따른다. '누구', '무엇', '어떻게', '어디에서', '언제'와 '왜'는 흥미를 유지하기 위해 독자와 청자에 의해 요구된다. 사실, 이 6가지 질문에 대한 대답은 친구들과 지인들과 우리 일상 대화를 위한 프레임워크를 구성한다. '언제'라는 질문은 종종 저널리스트와 스토리텔러에게 가장 긴급한 질문이다. 막 전개되거나 여전히 전개되고 있는 사건에 대한 내러티브는 역사의 깊이에서 내러티브보다 더 새롭고 극적인 세부사항들을 제공 할 수 있다. 다른 한편, '왜' 질문은 종종 가장 고려할 가치가 없고 답변도 빈번히 제시되지 않는다. 어떤 내러티브(특히 진정한 내러티브)는 너무 어렵고 설명하기에 시간이 너무 많이 걸린다. 이것은 뉴스 미디어가 청중들을 교육시키기보다 그들의 청중을 즐겁게 하기 위해 어떻게 시간을 소비하는지에 대한 공통 관심사의 기초가 된다.

저널리스트에게 친숙한 또 다른 양식은 '역의 피라미드'로 알려져 있다. 거꾸로 된 피라미드처럼, 뉴스 내러티브는 탑 위치에 가장 실질적인 정보를 포함하고, 뉴스가치가 높은 것에서 낮은 순서로 세부사항을 제공한다. 그래서 신문 보도의 시작 문단이나 TV 뉴스의 '도입부'는 독자나 시청자가 알 필요가 있는 거의 모든 것을 제공할 것이다. 나머지 내러티브는 사건에 대해 더 깊이 보도함으로서 '뼈에 살을 보탤 것이다'. 이 양식은 길고 복잡한 뉴스 내러티브를 읽거나 볼 시간이나 의향이 없는 태블로이드 소비자들을 특히 충족시킨다. 우리 대부분은 바쁜 삶을 살고 뉴스는 우리의 바쁜 스케줄에 맞추어야 한다, 그렇지 않으면 우리는 신문을 내려놓거나 다른 TV 채널로 돌린다. 저널리스트들과 부 편집장들은 이 사실을 알기에 처음부터 이야기를 줄인다. 신문 기사나 뉴스 단신의 첫 문장이 우리의 주의를 끌 정도로 간결하고 효과적이라면 우리는 읽을 것이고 다음 문장으로 내려갈 것이다. 그렇지 않으면 우리는 계속해서 우리의 주의를 끄는 무엇인가를 검색할 것이다. 어떠한 것도 우리의 주의를 끌지 못하면 전체 내러티브는 작동을 멈추게 될 것이다-어떠한 내러티브도 작가와 청중없이 살아남지는 못한다.

고전적 현실주의

뉴스-내러티브 양식의 핵심은 가장 정확하고 유익하고 강렬한 방법으로 사건을 재구성하려고 하는 것이다. 이것은 고전적-현실주의자 내러티브가 하는 것이다. '고전적 현실주의'라는 용어는 주로 19세기 소설과 연관이 있다. 영국 소설가 Charles Dickens과 Thomas Hardy는 일반적으로 고전적-현실주의자 소설가로 여겨진다. 그 소설은 London과 Wessex의 삶의 현실을 각각 표현하려고 한다. 전지적 화자가 객관적인 현실을 재구성한다. 전지적 화자가 신의 역할을 해서 만물을 꿰뚫어 보는 눈으로 등장인물과 사건을 내려다본다. 이와 같이, 독자는 전지적 화자가 즐기는 모든 지식과 힘에 관여한다. 일인칭 내러티브는 전지적 화자의 부재가 특징이다. 주관성과 멀티 캐릭터가 엄격히 금지된다. 고전적인 현실주의는 통일되고, 지속적이고 현존하는 내러티브 목소리의 안내를 받아서 현실을 표현한다.

그러나 고전적-현실주의 내러티브는 소설에 국한되지 않는다. 오늘날 대부분의 미디어는 현실주의와 현실이 상실되었다는 포스트 모더니스트 주장과는 상관없이 어느 정도 현실주의를 목표로 한다. 그런 이유로 컴퓨터 게임과 비디오 게임이 (내러티브의 운명을 좌우하는) 게이머들을 배치하는 내러티브를 구성하는 충격적일정도로 현실적인 방법 때문에 매도되기도 한다. 연속극(soap)을 포함한 TV 드라마도 현실주의 내러티브 관습을 공유한다. 시청자들은 내러티브가 어느 방향으로 언제 흘러가든지 간에 그 내러티브를 쫓아갈 완벽하게 전통적인 관점을 가진, 눈에 보이지 않는 구경꾼으로 자리한다. 그리고 영국 영화 이론가 Colin MacCabe는 고전적 현실주의 소설을 고전적 헐리우드 영화 스타일과 연관시킨다. Realism and the Cinema(1974)에서 MacCabe는 '있는 그대로를 보여주고' 영화 내러티브의 '조작'을 숨기는 아주 매끄러운 카메라 액션을 지적한다. 예를 들어, 연속 편집(continuity editing)과 직선적 내러티브 관습은 영화제작에 들어가는 인위적인 과정을 숨기고 Dickens 또는 Hardy 소설과 유사한 객관적이고 전지적인 이야기를 만드는 것을 돕는다. 물론, 비 현실주의 내러티브가(e.g. 초 현실주의 또는 과학-픽션 내러티브) 영화와 다른 미디어에서 생겨나고 그 내러티브는 우리가 일상적으로 여행하는 현실주의가 지배하는 내러티브 풍경에 작은 부분을 차지한다.

내러티브 이론

미디어 내러티브의 두 가지 주요한 형태가 있다: 'open'과 'closed'. 열린 결말 내러티브(open narrative)는 지속적이고 정해진 결말이 없다. TV연속극이나 드라마 시리즈는 열린 결말 내러티브(open narrative)이다-시청률이 떨어지거나 중요한 배역이 떠날 수 있어서 끝이 날 때까지 열린 결말 내러티브(open narrative)로 남아있다. 이와 같이 어떤 뉴스 스토리는 열린 결말로 남아있고 법정 보도의 "이 사건은 계속됩니다..." 관습에서처럼 즉각적인 해결 없이 남아있다. 다른 유형인 닫힌 결말 내러티브(closed narrative)는 대부분의 영화와 팝송처럼 명백한 시작, 중간, 결론을 갖고 있다. 내러티브가 열린 결말인지 닫힌 결말 인지가 종종 결과를 결정한다. 열린 결말 내러티브(open narrative)는 현존하는 청중 뿐만 아니라 새로운 청중을 받아들일 수 있어야 한다, 그래서 캐릭터와 액션은 이전의 내러티브의 전개 과정을 언급할 필요가 있다. 비교해서, 닫힌 결말 내러티브(closed narrative)는 시작부터 끝까지 지속적인 청중을 전제한다. 두 내러티브 스타일 간의 또 다른 차이는 캐릭터 묘사에 있다. 열린 결말 내러티브(open narrative)는 캐릭터가 다른 위치의 역할을 유동적으로 들어왔다 나갔다하는 것을 허용한다. 한 주는 연속극 캐릭터가 불운으로 고통 받아서 동정을 받을 수 있지만 다음 주에는 그들의 운명이 바뀌어서 사회 계층이 상승될 수 있다. 닫힌 결말 내러티브(closed narrative)에서는 대조적으로 캐릭터는 지위를 잘 바꾸지 않고 (예외적으로 아마 영화 끝 무렵) 사회 계층도 보통 유지된다.

모든 내러티브는 그 다음에 등장하는 내러티브와는 다르다. 예를 들어, 소설과 그 소설의 영화 버전(그리고 영화대본)을 다른 내러티브로 취급하는 것이 더 지혜로운 것이다. 그럼에도 불구하고, 두 저명한 내러티브 이론가는 미디어나 문화적인 특성에 상관없이, 모든 스토리에 일반적인 비슷한 특징을 확인했다. 러시아 민속학자인 Vladmir Propp은 수백 개의 옛 설화에서 캐릭터의 기능을 연구했다. 그는 캐릭터 자체에 관심이 있는 것이 아니라 그들의 행동과 그 행동이 내러티브를 전개시키기 위해 도왔던 방법에 흥미가 있었다. Morphology of the Folk Tale(1928)에서 Propp은 내러티브의 기능에서 역할을 하는 8명의 캐릭터 역할(character role)을 확인 한다:

1. 악당, 그는 내러티브를 복잡하게 한다
2. 영웅, 그는 무언가를 추구하고 결과적으로 복잡한 문제를 해결하고 악당을 물리치고 돌아온다
3. 기증자, 그는 영웅을 지지한다 (종종 그들에게 마법을 제공한다)
4. 도와주는 사람, 영웅의 벗
5. 공주, 그녀는 영웅이 그녀를 구하기전까지 악당의 희생자이다 (그리고 나서 그 영웅은 그녀를 차지하게 되고 결혼까지 하게 된다)
6. 아버지, 그는 영웅에게 보답한다(공주와 함께)
7. 일을 할당해주는 사람, 그는 영웅에게 그의 임무를 알린다(그리고 언제 되돌아올 지에 대해서도 말한다)
8. 잘못된 영웅, 그는 선한 것처럼 보이지만 결국 나쁜 사람으로 판명된다(또는 적어도 진짜 영웅처럼 선하지는 않다)

Propp의 내러티브 기능이 다양한 미디어 내러티브를 분석하기 위해 사용되었다. 일반적으로 말하면, 내러티브가 더 공상적이고 허구적일수록 이 캐릭터 역할(character role)이 더 잘 적용될 것이다. 그래서 그들이 The Wizard of Oz(1939), Star Wars와 Bond영화에 나타난다. 그러나 예를 들어, 분명한 좋은 사람과 나쁜 사람이 없는 영화

와 미디어 내러티브에서 이 기능은 그렇게 명백하지는 않다. 공주와 아버지 역할은 확실히 다소 구시대적이다. 그러나 나머지 여섯 역할은 여전히 풍부한 예를 상기시킨다.

또 다른 유명한 내러티브 이론은 The Poetics of Prose(1971)에서 불가리아 문학 이론가 Tzvetan Todorov가 논의한 '평형(equilibrium)' 개념에서 발견된다. Todorov에 따르면, 대부분의 내러티브는 사람들과 사건이 내러티브가 시작하기 전과 같은 일상적인 상태로 여겨지는 평형 상태에서 시작한다고 한다. 그리고 나서 내러티브 속으로 파괴를 낳는 문제가 생긴다. 그 후 파괴를 인정하게 되고 파괴를 극복하려는 노력이 뒤따른다. 마침내, 파괴가 고쳐지고 내러티브가 끝날 때 평형 상태가 되돌아온다.

이것은 서사시의 영웅 내러티브 구조처럼 보일 수 있지만 그 파괴는 비교적 사소할 수 있고 평형상태로 돌아오는 것은 직접적일 수 있다. 예를 들어, 일기 예보는 폭풍우가 치는 날씨에 관한 내러티브를 제시할 수 있고 우리는 산에 올라가지 않으려고 결정함으로서 그런 파괴를 극복할 수 있다. 그래서 우리를 따뜻함과 행복함이 있는 집으로 되돌아오게 할 수 있다. Todorov의 평형 모델이 사실 거의 모든 닫힌 결말 내러티브(closed narrative)에 적용될 수 있다. 그러나 그 보편성이 또한 그 이론의 한계를 드러나게 한다-평형 모델은 알려진 것처럼 단순해서 내러티브 만들기에 필요한 특별한 자질이 무엇인지에 대해 알려주지 않는다. 그래서 내러티브에 관한 논의는 영원히 풀리지 않은 채로 두고 또 다른 이론적인 길을 탐색해 보자.

장르 이론

장르가 무엇인가? 이 질문은 장르, 서브 장르와 메타 장르가 미디어의 도처에 존재하기 때문에 다룰 필요가 있다. '장르'라는 용어는 먼저 영화에 적용되었으나 음악, 라디오, TV, 책, 잡지 등에 퍼졌다. 간단히 말해, 장르는 어떤 것을 공통으로 공유하고 있는 개별적인 산물이다. 그래서 장르 이론은 미디어와 문화생산이 그룹이나, 캐터고리로 작용해서 집단적인 의미를 만들어낸다고 가정한다. 그 주장에 의하면, 한 공포 영화는 또 다른 공포 영화처럼 전개되고, 한 팝 발라드는 또 다른 팝 발라드처럼 구조화되고, 한 시트콤은 또 다른 시트콤과 같은 농담을 갖고 있다-유사한 미디어 산물을 구분하기 위한 차이가 늘 존재한다고 하더라도. 영국 영화 학자 Stephen Neales는 Genre(1980)[19)]에서 '장르는 텍스트의 체계화(codification)의 형태로 여겨질 것이 아니라 영화 산업, 텍스트와 주제 간에 순환되는 방향, 기대와 관습의 체계로 보인다'고 한다. 장르 이론은 문학과 영화이론에서의 사회적 통념에 위배 된다 -특히 간단한 텍스트(시, 소설, 영화 등)를 별개로 연구하고 독창성 측면에서 그 텍스트를 평가하는 감독(auteur) 이론에 위배된다. 대조적으로, 장르 이론은 텍스트간의 상호 연관성에만 관심이 있다.

그래서 누가 혹은 무엇이 장르를 만드는가? 이것은 고려할 가치가 없는 문제이다, 왜냐하면 장르 이론이 효과적으로 개별 작가, 감독, 미술가, 제작사와 권위나 저작권을 주장할 수 있는 누군가에 대해 평가인하하기 때문이다. 비틀즈는 역대 최고의 기타-락(rock) 밴드일 수 있지만 그들은 락 장르에 투자하지 않아서 그들의 락 음악이 이제까지 제작된 유일한 형태는 아니다. 확실히 어떤 예술가와 제작자들은 장르를 만드는데 있어 다른 사람들보다 더 많은 영향을 끼칠 수 있지만 개인(또는 심지어 작은 그룹)이 장르의 존재 이유로 인정받는 것은 드물다. 장르가 작품이 제작되는 시점에서 반드시 형성 되는 것은 아니라고 말하는 것이 타당하다. 제작 후 전반적인 포장과 마케팅 캠페인은 제품을 친숙하고 기존에 존재하는 장르의 기순 하에 둠으로서 제작 내용을 보완하는 것을 돕는다. 예를 들어, 헤비메탈 앨범의 재킷 디자인은 종종 그 장르(피, 두개골, 뱀, 단도가 많이 나타낸다)내에서 이전의 디자인 관행을 따른다. 그리고 최근에 제작된 팝의 재킷 디자인과 대조를 이룬다.

그러나 장르는 제작자과 마케팅을 하는 사람들의 작품만이 아니다. 장르는 그 장르를 구매하는 소비자들에 의해 또한 만들어진다. '신문 독자'나 '로맨틱 코미디 애청자' 또는 '퀴즈 쇼 중독자'를 생각해 봐라. 종종 장르 레이블은 소비자 유형과 직접적으로 연관이 있다. 그러나 우리는 그 어려운 닭이 먼저냐 달걀이 먼저냐의 논쟁에 들어간다. 어느 것이 장르를 만들 때 먼저 나왔는가?-'마케팅 스핀'인가 아니면 청중의 요구인가? 외교적으로, 대부분의 미디어 이론가들은 장르를 마케팅과 청중의 영향사이의 분열로 본다;제작과 소비 과정. 유명인과 스타덤의 구성처럼, 장르는 의미와 인기에서 변화를 겪는 다양한 카테고리이다. 예를 들어, 서양의 영화 장르는 이전 세대의 제작자와 소비자에게는 인기가 있으나 오늘날의 영화 제작자와 영화 팬들은 그런 경향이 없다. 이런 문제를 해결하는 방법은 Wild Wild West(1999)를 따라서 서구의 장르를 패러디하는 것이다. 그러나 진지한 서부영화는 현대의 영화 취향과 경향을 만족시킬 것 같지는 않다. 이것은 우리를 경쟁적인 영향력과 변화하는 감정으로 가득 찬 혼동의 세계에서 장르 카테고리의 지속적인 적절성에 대한 또 다른 논쟁을 불러 일으킨다.

커뮤니티와 계

제작자와 소비자 간의 공통적인 흥미에서 생겨나는 장르는 '장르 커뮤니티'를 형성한다고 한다. 예를 들어, 컨트리 뮤직 추종자와 연주자는 한 커뮤니티에 속해 있다. 그들은 같은 장소에 살지 않을 수 있다(많은 이들이 시골 출신이지만), 그러나 그들은 상호간 중재된 의미로 정기적으로 모여서 Shania Twain, Garth Brooks와 다른 비 상업적인 컨트리 음악가들에 대한 애정을 나눈다. 다른 장르 커뮤니티는 락 페스티벌, 영화 페스티벌, 예술 영화 상영, 게임 연맹, 북 클럽 등등에서 만난다. 요점은 예술가, 프로듀서, 음악가, 청중, 독자, 지방공연 매니저, 수집가, 중개인과 다른 사람들이 모이는 분명히 확인할 수 있는 문화적인 유산이 있다는 것이다. 커뮤니티가 강하고 내부인과 외부인 사이의 경계가 분명한 곳에서 연관된 장르는 건전하게 지속될 것이다.

그러나 장르 커뮤니티는 외부 압력과 내부 분쟁으로부터 잘 견뎌내지 못하고 이 커뮤니티 내의 균열이 생기면 장르의 소멸이 불가피하게 된다. 대중 음악 연구로부터 생겨나는, 장르를 이해하는 다른 방법은 '계(scene)'라는 개념이다. '계(scene)'는 음악적인 취향과 연주가 그림 맞추기 퍼즐처럼 함께 가는 곳에서 존재한다. 음악계는 차이를 수용하려고 하기 때문에 장르 커뮤니티보다 덜 안정적이다. 커뮤니티가 사회적으로 파악이 가능하지만(그들에게 속한 사람들의 유형은 비슷한 인구통계학적인 특징을 공유한다), 계는 접근은 어렵지만 더 다양한 것이 특징이다.

장르 커뮤니티에서 계로의 전환은 더 절충적인 소비자 행동과 세계 음악-산업 경향에서 잇따른 변화의 융합된 결과이다. 1980년대 스타디움 락(Bruce Springsteen, U2, Dire Straits)과 그 락이 낳은 장르 커뮤니티는 전자 댄스 뮤직을 둘러싼 더 지역화된 음악계의 등장에 의해 대체되었다. 사실, '댄스 뮤직'만이 다양한 더 작은 계의 메타 장르(또는 메타 계)를-하우스(house), 거라지(garage), 힙합, 트랜스, 테크노, 알엔비 등-묘사한다. 이들 계내에서 지역적인 뉴앙스(서브 장르)는 말할 것도 없이(하우스 음악은 애시드 하우스(acid house), 올드 스쿨 시카고 하우스(old skool Chicago house), 이태리 하우스 음악(Italian house), 뉴 스쿨 하우스 (new skool house) 등으로 나뉜다). 그래서 음악계는 세계적이고 지역적인 영향이 복잡하게 융합되어 있어서 특별한 장르 전통을 따르지는 않지만 그 대신에 생산과 소비체계에서 장르, 서브 장르, 지역화된 내러티브를 포함한다. 이것은 댄스 뮤직계가 전 세계의 예술가의 특징을 담은 트랙 모음을 좋아하는 반면, 왜 밴드 앨범의 모노 장르적인 디스코그라피는 락 음악계에서만 보전되는지를 설명한다.

XII 뉴 미디어

12

뉴 미디어

20세기 미디어는 대체로 일반적인 흥미가 있는 정보와 대중을 위한 엔터테인먼트의 방송 모델을 따랐다. 지금 우리가 '구 미디어'라고 일컫는 것은 메시지를 아날로그 신호를 통해 전달했다. 아날로그 TV와 라디오 시그널은 그림과 소리 정보를(제작과정에서 녹음된) 인코드해서 지속적으로 가변주파수를 통해 사람들의 가정의 지붕에 있는 안테나나 수신기에 붙어 있는 안테나로 전송했다.

그러나 21세기 디지털 미디어가 제작자와 소비자의 상호작용을 위한 오래된 기회를 대체하게 되었을 때, 디지털 시그널은 다양한 주파수의 지속적인 시그널이 아니라 켜지거나 꺼지는 스위치처럼 작동한다. 스위치가 켜지고 꺼지는 상태의 이진법은 '1'과 '0'의 두 숫자로 표현된다. 더 많은 숫자와 연관있는 더 복잡한 일련의 암호가 가능하지만 실제로 실행하기는 난처하다, 그래서 이진법은 데이터를 효과적으로 저장하고 전송하는데 있어 가장 강력한 것으로 여겨진다(디지털 시그널이 아날로그와 같은 외부 간섭을 받지만). 휴대폰, 디지털 카메라, 인터넷 애플리케이션, MP3 플레이어, DAB라디오와 디지털 TV가 '뉴 미디어(new media)'라고 일컫는 것이다. 뉴 미디어는 특히 불가피하게 디지털 컴퓨터 기술과 연결되어 있다. 일부 논평가들은 1990년부터 일어난 '디지털 혁명'에 관해 논의한다. 그러나 그 아이디어에 대한 비평가들은 현대 미디어 변화는 혁명적이라기 보다는 더 진화적이라고 제안한다. 인쇄술과 전보가 우리의 삶을 바꾸었지만 인터넷이 정말 우리의 삶을 바꾸었는가? 우리가 부주의한 상투적인 문구에 젖기 전에 중요하고 논쟁의 여지가 있는 몇 가지 개념을 고려해 보자.

통합(Convergence)

통합(Convergence)은 미디어 연구에서 몇 가지 의미를 가지고 있다. 미디어 경제학과 소유의 맥락에서 통합은 다른 산업(제작, 분배, 광고 등)이 Time Warner와 같은 대기업 산하에 함께 모이는 대규모의 수직적인 통합을 의미한다. 그러나 경제적인 통합은 뉴 미디어에는 이상하지는 않다. 사실, 뉴 미디어 소유는 TV와 영화와 같은 전통적인 미디어 분야에서 소유와 통제의 패턴을 보여준다. 예를 들어, 단지 다섯 기업이 영국에서 광대역 인터넷 시장을 지배 한다: British Telecom, Telefonica Europe(02), News Corporation(Sky), Time Warner(AOL), Virgin Media

가장 인기 있는 웹사이트의 소유는 점차 대기업의 손에 넘어갔다. Flick는 Yahoo가 소유하고 News Coporations이 MySpace를 소유하고 있다. Facebook은 2007년에 Yahoo로부터 10억 달러 제안을 거절했다-같은 해에, Microsoft는 social networking site 주식을 2억 4천 달러에 소량 구매했으며 Facebook을 150억 달러로 평가했다(광고 수입 측면에서, 엄청난 영향력을 고려해 보면 이 평가 금액이 놀라운 일도 아니다). 그리고 Yahoo를 2008년에 Microsoft가 446억 달러에 인수하려고 했으나 성공하지 못했다. 한편 Google은 10년 간 거듭된 성공을 이루어왔다. Google은 현재 확연히 차이가 나는 가장 상력한 인터넷 회사이다. 이것은 Google이 2006년에 16억 5천 달러에 YouTube를 합병하고 온라인 광고 경쟁사인 DoubleClick을 2007년에 31억 달러에 인수했다는 사실로 입증할 수 있다. Google은 TV와 휴대폰과 같은 다른 분야로 광고를 확장해갔다. 그래서 정치 경제적인 용어로, 뉴미디어 통합에 관해 새로운 것이 없다-이것은 동일하고 오래된 정신없이 돌아가는 인수, 합병, 실질적인 주식 보유와 다양화이다.

그러나 기술적인 용어로, 통합은 디지털 기술을 통해 다른 미디어와 함께 융합되는 것을 의미한다. '통합'과 '멀티미디어'는 어느 정도 유사한 용어이다. 두 용어 모두 컴퓨터 칩 기술이 뉴 미디어 기술에 어떻게 더 정교하게 적용되는지를 포착한다. 예를 들어, 디지털 TV 기술은 지금 거의 컴퓨터 네트워크의 인터넷 형태와 구분할 수 없다. 두 경우에, 사용자 인터페이스 기술에 있어 진보는 상호작용을 위한 더 큰 공간을 제공했고 '리모콘의 빨간 버튼 누르기'는 디지털-TV 용어의 일부가 되었다.

기술적인 통합은 미디어 제작, 분배와 소비에서 일어났다. 제작 수준에서 텍스트, 음악, 오디오, 비디오 컨텐츠가 표준 네트워크 컴퓨터를 사용해서 생성 될 수 있다. 그리고 통합의 디지털 시대 전에(단지 20년 전에 시작되었다), 이 미디어 형태는 물리적으로 구별되는 특징을 갖고 있었으며 각각의 레코딩 포맷으로 제작되어야만 했다. 유통에 있어서, 전통적인 형태(수입과 수출, 위성과 케이블 수신 등)는 여전히 작동되지만 점차 인터넷의 세계적인 보급이 멀티 미디어 광고업계 뿐만 아니라 유통업계의 중심이 되고 있다. 물론, 디지털 통합은 소비자 경험에서 점차 중요한 역할을 한다. 디지털-TV 기술에서 빠른 발전은 최근에 TV(디지털과 아날로그)의 우위를 위협하는 인터넷 사용에 대한 명백한 반응이다.

재매개화(Remediation)

Remediation(2000)[20]에서 미국의 미디어 이론가 Jay David Bolter와 Richard Grusin은 뉴 미디어가 구 미디어를 '재매개화한다(remediate)'고 한다. 즉, 뉴 미디어는 '다른 미디어의 기술, 형태, 사회적 중요성을 도용해서 현실적으로 그것들에 필적해서 재매개화하려고 한다.' 그래서 미디어가 이미 존재하는 것과 완전히 다른 것을 제공할 때 새로워진다. 뉴 미디어는 진짜이어야 한다. 재매개화의 잘 알려진 예는 음악-산업의 백 카탈로깅(back cataloguing) 관행에 있다. CD가 1990년대 초 음반 녹음을 위한 지배적인 포맷이었을 때, 주요 음반회사들은 소비자들이 그들이 이미 소유한 것의 '디지털로 재 녹음된 새 버전을 구매할 것'이라는 기대감에서, 비닐과 카세트 녹음의 back catalogue(구 녹음)를 CD로 재매개화했다. 그리고 많은 소비자들이 그 CD를 구매했다. 그 CD는 이전보다 더 좋고 더 '실제' 소리 질을 제공했다. 그렇게 널리 퍼지지는 않았지만, 지난 10년 간의 온라인 기술의 발달(후에 논의할)이 음악 재매개화의 비슷한 과정을 가져왔다.

재매개화는 뉴 미디어에 대해 우리에게 무엇을 말하는가? 이 질문에 답하기 위해서 우리는 Bolter와 Grusin이 논의한 두 가지 다른 과정을 고려 할 필요가 있다: 직접성(immediacy)과 하이퍼미디어시(hypermediacy). 직접성(즉시성)은 '세계의 창'을 제공하려고 하는 중재된 과정이다. 목표는 절대적인 투명성과 기술적인 용어로 미디어를 구성하는 인위적인 과정의 부재이다. 역사적으로 뉴 미디어 기술은 종종 직접성과 함께 미디어의 특성을 부각시켰다. 예를 들어, 영화의 움직이는 이미지는 사진보다 더 직접적이다. 그러나 뉴 미디어의 다른 형태들은 하이퍼미디어시(hypermediacy)를 위한 역량을 보여주고, 락 뮤직 제작처럼 명백히 구조화되고 무대에 올려진 재현을 조정한다. 직접성과 하이퍼미디어시가 이와같이 다른 효과를 갖고 있지만, Bolter와 Grusin은 두 과정이 실제 경험(이 경험이 직접성의 실제성이든 하이퍼미디어시의 실제 경험의 스펙터클이든지 간에)을 재매개화하려고 한다고 주장한다. 그래서 모든 뉴 미디어의 재매개화는 실제 사람들과 사건에 대한 진실된 인상이나 표현을 가능하게 한다.

The Language of New Media(2001)에서 러시아의 미디어 이론가 Lev Manovich는 재매개화 접근법을 반대로 뒤바꾸고 있지만, 뉴 미디어의 '새로움'에 대해서는 비슷한 견해를 수용한다. 그는 뉴 미디어가 어떻게 구 미디어를 변화시켰는지가 아니라 구 미디어가 뉴 미디어를 어떻게 형성했는지에 더 관심이 있다. 더 구체적으로, 영화의 유산이 어떻게 디지털 영화와 미디어를 구성했는지에 흥미가 있다. Manovich는 영화의 역사와 이론을 뉴 미디어에서 최근 기술과 미학적인 발달과 비교한다. 그래서 그는 디지털 기술에 대해 내적으로 새로운 것은 없다고 결론짓는다. 사실 그는 합성 영상과 같은 뉴 미디어 제작 후 기술과 몽타주의 오래된 영화 기술사이 평행선을 그린다. 이와 같이, 컴퓨터에서 생성된 영화 이미지는 이전보다 더 훌륭하게 보일 수 있지만 애니메이션과 영화 촬영술의 확립된 전통에 대한 작은 발전이다. Manovich의 주요 논지는 디지털 영화는 혁명적인 혁신이라기 보다는 동영상 매체의 역사의 지속이다. 그래서 뉴 미디어는 디지털, 컴퓨터화된 형태가 영화 언어의 진화에서 흥미로운 단계로 접어들고 있지만, 새로운 경험이 아니라 새로운 언어를 제시하는 것이다.

WEB 2.0

21세기 초반의 어느 시점에서, 웹은 방향을 선회했다. Manovich의 영화에 대한 관점과 같이, 웹 언어는 많이 달라졌다. 논의를 위해, 그 시점이 2004년이라고 하자. 웹이 처음으로 사람들의 삶으로 들어간 1993년부터 2003년까지의 기간은 'web 1.0'으로 알려져 있다. 이 시기는 웹 디자인, HTML 인코딩, (Microsoft Internet Explorer에 의해 대체된)Netscape Navigator와 점차 정교해진 검색 엔진 도구(pre-Google)의 개척 시대였다. 그러나 web 1.0은 거의 읽기와 브라우징을 위한 공간이었다-제한된 대역폭 때문에 처음에는 오디오 비디오 컨텐츠가 비현실적이었다. 그리고 웹 컨텐츠를 제작하는 것은 Dreamweaver와 같은 사용하기 쉬운 소프트웨어가 통용되기 전에는 컴퓨터 프로그래밍 기술을 요구했다. 그래서 web 1.0은 흥미로운 발전이었지만 기술적인 괴짜와 백만장자의 취미를 위한 전용 공간이었다. 2000년에 닷컴 버블(dot.com bubble)이 사라진 것은 많은 전자 상거래 신규 업체의 종식을 나타내고 기존의 상업적이거나 레저 목적을 벗어나지 못하는 웹의 문제점을 드러냈다.

그러나 2004년 무렵, 웹 2.0 혁명은 시작했다. wikis, weblogs(blogs), folksonomies와 social-networking site와 같은 새로운 애플리케이션 덕택에, 웹 2.0은 일반 사용자들로 하여금 특별한 소프트웨어를 필요로 하지 않고 컨텐츠를 쓰고 올리고 출판하게 했다. 오늘날 가장 인기 있는 웹사이트는 web 2.0제품이다. YouTube와 Flickr는 포크소노미의 좋은 예이다: social-tagging site는 사용자들로 하여금 자신의 컨텐츠를 협력적으로 업로드하고 색인을 만들어 달고 검색하고 보게 한다. Facebook, Bebo, MySpace는 아주 인기 있는 social-networking site인데 그들이 낯선 사람이든, 먼 과거의 옛

애인이든, 사용자들로 하여금 자신의 프로파일을 개별화시키고, 오디오-비디오 컨텐츠를 생성시키고, 게임을 하고 다양한 그룹과 네트워크에 참여하고 다른 사용자들과 관계를 맺게 한다. 블로그 사이트는 훨씬 더 흩어져 있고 서로 전혀 다르다-추정치에 따르면, 8500만 개의 블로그가 사이버공간에 떠다닌다. 다른 한편, Wikis는 Wikipedia의 웹페이지이다. Wikis는 사용자들로 하여금(다른 사용자들의 편집을 추적하는 것 뿐만 아니라) 컨텐츠를 편집하고 수정하게 하는 공개된 웹 페이지이다. 이 모든 응용프로그램은 웹 1.0보다 웹 2.0을 더 역동적이고 민주적으로 만든다.

인터넷 경제학자 Chris Anderson이 주장하듯이, 웹 2.0에 의해 제공 되는 무한한 선택은 거의 모든 것에 대한 무제한적인 수요를 창출하고 있다. The Long Tail(2006)에서 Anderson은 Amazon, eBay와 같은 사이트가 제공하는 거의 무한한 범위의 제품에서 '일반 대중의 시장'을 확인한다. 웹 2.0을 말하자면, 더 많은 것이 확실히 더 적은 것은 아니다. 전통적인 매스 미디어와 블럭버스터 영화보다, 오늘날의 네트워크화된 미디어는 모든 종류의 제작자와 유통업자들로부터 생겨난 대량의 크고 작은 틈새 제품을 제공한다. 이것이 경제학적으로 의미하는 바는 그야말로 엄청나다. 수백만 개의 모든 틈새 제품의 총액이 마케팅 비용을 받는 선별된 몇 가지 인기 상품보다 더 많다면, 웹 2.0은 21세기 미디어와 엔터테인먼트 산업을 위한 새롭고 선택에 유연한 소비자 주도의 판매 모델에 문을 활짝 열게 될 것이다. 정보시대 대신에 '추천의 시대(Age of Recommendation)'로 들어간다.

그러나 모든 사람이 웹 2.0의 팬은 아니다. 비평가들은 사용자가 만든 뉴 미디어는 잘못된 정보와 아마추어주의를 번성하게 한다고 주장한다. 미국 인터넷 비평가 Andrew Keen은 The Cult of the Amateur (2007)[21]에서 '오늘날의 미디어는 세계를 십억 개의 개별화된 진실로 분산시키고 그 각각이 동일하게 타당하고 가치가 있어 보이도록 한다. Keen은 블로그가 종종 가짜 개인이 퍼뜨린 은밀한 기업 홍보이고; YouTube는 누구든지 그들의 캠코더 장면을 직업 윤리나 미디어 규제를 크게 신경 쓰지 않고 방송 할 수 있는 무정부상태의 사이트이며; Wikipedia는 군중의 지혜를 반영하고(Encyclopaedia Britannica에 나오는 전문가 지식과는 대조적으로); Google의 알고리즘의 논리가 모든 것에 대한 답이 되어온다고 주장한다. Keen에게 있어 문제가 되는 부분은 웹 2.0의 익명성이다. 또 다른 이름 없는 아마추어 비디오는 YouTube에서 히트를 하고; 별 특징 없는 작가는 블로그스피어에서 지극히 평범한 독자를 찾으며; 성적인 포식자가 SNS(social-networking site)에서 친구로 가장한다. 세컨드 라이프(Second Life)는 아마도 비전문적인 익명성과 유치한 현실 도피에 관한 Keen의 컬트를 궁극적으로 표현한 것이다. 익명성은 컨텐츠에 책임을 지지 않는 것이다-개인의 책임과 신원확인이라는 오래된 원칙으로부터 걱정스러운 우회.

그래서 웹 2.0은 웹 1.0이 제안한 것처럼 바람직하지 않을 수도 있다. 웹 2.0이 웹 1.0보다 더 민주적이고 사용자 주도적인지도 역시 논쟁의 여지가 있다. 흥미롭게도, 1990년대의 인터넷 기업은 시작부터 기업이 원하는 웹 2.0의 이상적인 형태를 갖고 있었다. World Wide Web을 발명한 영국의 컴퓨터 과학자 Tim Berners-Lee는 World Wide Web이 떨어져있는 개인들이 공동의 프로젝트를 시작할 수 있게 하는 인간 지식의 풀이라고 생각했다. 적어도, 이론적으로 웹은 보편적으로 인정되고 검색될 수 있는 무한한 정보를 제공하도록 설계되었다. 이와 같은 기초 하에 다양한 웹 커뮤니티는 전자게시판과 다른 장에 함께 모여 아이디어를 공유하고, 서로 충고하고, 사이버 공간의 특별한 코너를 공동으로 소유할 수 있다.

예를 들어, AutcionWeb(1995-7)을 대신한 eBay는 지식을 공유하고 교환하는 커뮤니티의 이상에 많이 의존했다. AuctionWeb은 기술적인 질문에 답하고 한 제품을 사용하는 방법에 대한 지침을 제공하고 정확성을 높이기 위해 서로의 목록을 수성함으로써 구매자와 판매자가 서로 도울 수 있는 진정한 사용자 간의 사이트였다. AuctionWeb의 성공은 물품은 항상 공급과 수요가 만나는 지점을 반영하는 가격에서(즉, 최종 낙찰가) 판매된다는 민주주의적인 원칙을 따르는 데 있었다. 소비자 서비스는 자기 충족적이었다. 그래서 사용자가 만들어낸 웹 2.0의 공동의 순간은 사실 더 길고 설득력 있는 역사를 갖고 있다.

시민 저널리즘

시민 저널리즘은 뉴 미디어 합병과 웹 2.0의 또 다른 결과였다. 시민 저널리스트는 뉴스 기관을 위해 일하지도 않고 미디어 제작에서 공인된 훈련을 받지도 않지만 그들은 현장에서 극적이거나 눈에 띄는 사건을 보도하고 기록한다. 이런 측면에서, 평론가들은 시민 저널리스트가 그들이 독립적이고 다른 속셈이 없다는 사실을 반긴다. 블로그, YouTube, 다른 비규제적인 수단을 통해서 뉴스를 자유롭게 방송하는 시민 저널리스트는 전통적인 뉴스 편집장의 '모니터 역할'을 피한다. 시민 저널리즘을 묘사하기 위해 사용되는 다른 용어는 백팩 저널리즘, 참여 저널리즘과 블로그를 기록하는 기자이다. 랩탑, 디지털 캠코더, 헤드셋, 인공위성 전화로 구성된 Mobile Journalist Workstation(MJW)이 있다. 비밀 수사 저널리즘이 MJW를 갖춘 배낭족 기자에게 가능하지 않다는 것은 놀라운 일이 아니다. 그러나 우리가 기형적으로 보이는 시민 저널리스트를 지나치게 조롱해서는 안 된다. 왜냐하면 사실, Joe Blogger와 그의 캠코더는 놀라운 뉴스 장면을 방송국에 제공하고 그 즉시 전 세계 미디어 시스템을 통해 방영되기 때문이다.

장관을 이루는 시민 저널리즘의 최근 예는 2004 아시아 쓰나미와 7/7런던의 테러의 공포를 비추었다. 예를 들어, 휴대폰 카메라는 런던 폭격을 보도할 때 뉴스 기관이 사용한 많은 이미지를 포착했다. 공격 6시간 만에 BBC는 1000장의 사진, 4000통의 문자 메시지와 20000통의 이메일을 관심을 가진 시민들로부터 받았다 그러나 그 시민들은 그들이 목격한 사건의 역사적이고 (법적인)증거를 기록하는데 있어 그들의 중요한 역할을 인지하지 못할 것이다. 주요 방송사가 시민 저널리즘에 뉴스 속보 사건을 보도하는 수단으로 의존할 때, 이론과 실제에서 저널리즘의 전체 새로운 정의를 내릴 필요가 있다. 그러나 시민 저널리즘의 모든 주창자들에게 막강한 반대 세력이 있다-특히 안정적인 직업을 찾을 수 없는 전문적으로 교육받은 저널리스트. 비평가들은 수백년 간 Reuter와 같은 국제 뉴스 에이전시가 쌓아온 사실 보도에 대한 공들인 명성은 방송사와 시민들이 불건전하고 비전문적인 동맹을 형성한다면 쓸모없게 될 수도 있다고 우려하고 있다.

저작권 침해, P2P, IPOD 문화

2000년부터 온라인 음악 유통이 기업적으로 팽창함에 따라, 인터넷은 음악 산업의 미래를 위한 가장 중요한 수단이다. 초기 몇 년 간은 인터넷을 통해 MP3 파일을 다운로드 받는 것이 체제 전복적인 행위로 여겨졌다-특히 다운 로드를 많이 받는 사람들을 상대로 법률적인 소송을 제기한 주요 음반 회사들에 의해. Peer to Peer(P2P) 파일 공유 소프트웨어는 사용자들로 하여금 Napster(현재는 합법적으로 운영되고 있으며, Fortune지 선정 100대 기업 중 하나인 미국의 전자 소매업체 BestBuy를 소유하고 있다)와 같은 사이트에서 선무후무한 음악 도서관을 검색하고 무료로 규제없이 트랙을 다운로드 받을 수 있게 하였다(저작권법이 위반되었었다는 점을 고려해 보면). 뉴 미디어 기술을 통한 인터넷 음악 저작권 침해는 곧 음반 회사와 아티스트들에게 주요한 관심사가 되었다. 개발 도상국의 암시장에서 운영되기 시작한 이전의 저작권 침해 관행과는 달리 인터넷 저작권 침해는 북미와 유럽에서 먼저 퍼져나갔다. 그렇기 때문에 그들의 핵심시장의 주요 음반 회사들에게 타격을 입혔다.

그래서 MP3 파일 공유를 가능하게 한 뉴 미디어 P2P 기술은 생산자(산업)와 소비자(청중)간의 전통적인 분할을 효과적으로 약화시켰으며 미디어 제품-음악 뿐만 아니라 영화, 컴퓨터 게임, TV와 인터넷 저작권 침해로 위협받는 전체 다른 컨텐츠-의 유통에 변화를 가져왔다. 오늘날, P2P 소프트웨어의 사용은 여전히 합법적이지는 않지만 정상화되었고 대체로 받아들여져서 산업의 관심을 적게 받게 되었다-더 발전된 애플리케이션이 빠르게 발달해서 무료 상품과 서비스를 위한 사용자 욕구를 효과적으로 충족시키고 있다. 그럼에도 불구하고, 상호보완적인 Apple iTunes, iPod와 iPhone 애플리케이션은 뉴 미디어를 사용하고 MP3 기술의 얼리 어답터(early adopter)와 레잇 어답터(late adopter)로부터의 수익을 극대화하려는 기업의 이해관계를 보여준다. 그러나 Apple의 성공에도 불구하고, P2P 저작권 침해자들은 그들의 혁신적이고 저항적인(그리고 범죄적인) 방법이 음악-미디어 사용, 생산, 분배에 엄청난 유연성과 선택을 가져왔다는 생각으로 안도감을 갖고 있다.

부 록

참고 자료

다음은 미디어 연구에 관한 책과 웹사이트 리스트이다. 첫 번째 섹션은 이 책에서 언급된 참고문헌으로 대부분이 최근에 재판으로 출간되었다(여기에 실린 참고문헌은 영어 초판본이다.). 여기에 언급된 참고 문헌과 아울러 영화, 음악, 게임, 광고, PR, 텔레커뮤니케이션 산업 분야의 개발품과 TV, 라디오, 인터넷, 신문과 잡지의 지역, 국가, 더 나아가서 전 세계적인 제작물을 계속해서 살펴보기를 바란다. 또한 한 가지 매체만을 과용하거나 한 매체라도 소홀히 하지 말고 매체간의 상호작용에도 관심을 갖고-기회가 된다면 더 연구를 해보기를 바란다.

참고 문헌(SELECTIVE BIBLIOGRAPHY)

Anderson, Chris, *The Long Tail: How Endless Choice is Creating Unlimited Demand*, London: Random House, 2006

Ang, len, Watching Dallas: *Soap Opera and the Melodramatic Imagination*, London: Methuen, 1985

Baudrillard, Jean, *Simulacra and Simulation*, Michigan: University of Michigan Press, 1994

Bell, Daniel, *The Coming of Post-industrial Society: A Venture in*

Social Forecasting, New York: Basic Books, 1973

Bolter, Jay David and Grusin, Richard, *Remediation: Understanding New Media*, Massachusetts: The MIT Press, 2000

Boorstin, Daniel, *The Image: A Guide to Pseudo-events in America*, New York: Atheneum, 1961

Castells, Manuel, *The Rise of the Network Society*, Oxford: Blackwell, 1996

Cohen, Stanley, *Folk Devils and Moral Panics: The Creation of the Mods and Rockers*, London: MacGibbon and Kee, 1972

Davies, Nick, *Flat Earth News*, London: Chatto and Windus, 2008

Dyer, Richard, *Stars*, London: BFI, 1979

Fiske, John, Understanding Popular Culture, Boston: Unwin Hyman, 1989

Hall, Stuart et al (eds), *Culture, Media, Language*: *Working Papers in Cultural Studies 1972-79*, London: Hutchinson, 1980

Hebdige, Dick, Subculture: *The Meaning of Style*, London: Methuen, 1979

Herman, Edward, and Chomsky, Noam, *Manufacturing Consent: The Political Economy of the Mass Media*, New York: Pantheon Books, 1988

Jenkins, Henry, *Textual Poachers: Television Fans and Participatory Culture*, New York: Routledge, 1992.

Johnson, Steven, *Everything Bad is Good for You: How Popular Culture is Making Us Smarter,* London: Allen Lane, 2005

Keen. Andrew, *The Cult of the Amateur: How Today's Internet is Killing Our Culture and Assaulting Our Economy*, London:

Nicholas Brealey, 2007

Klapper, Joseph, *The Effects of Mass Communication*, New York: The Free Press, 1960

McLuhan, Marshall, *Understanding Media: The Extension of Man*, New York: McGraw-Hill,1964

Manovich, Lev, *The Language of New Media*, Massachusetts: The MIT Press, 2001

Meyrowitz, Joshua, *No Sense of Place: The Impact of Electronic Media on Social Behaviour*, New York: Oxford University Press, 1985

Neale, Stephen , *Genre*, London: BFI, 1980

Postman, Neil, *Amusing Ourselves to Death: Public Discourse in the Age of Show Business*, New York: Penguin, 1985

Rojek, Chris, *Celebrity*, London: Reaktion Books, 2001

Schiller, Herbert, *Mass Communications and American Empire*, New York: AM Kelley, 1969

Tapscott, Don and Williams, Anthony D, Wikinomics: *How Mass Collaboration Changes Everything*, New York: Portfolio, 2006

Thompson, John, *The Media and Modernity: A Social Theory of the Media,* Cambridge: Polity, 1995

Williams, Raymond, *Television: Technology and Cultural Form*, London: Fontana, 1974

Williamson, Judith, *Decoding Advertisements: Ideology and Meaning in Advertising*, London: Marion Boyars, 1978

개론서(INTRODUCTORY BOOKS)

Abercrombie, Nicholas and Longhurst, Brian, *The Penguin Dictionary of Media Studies*, London: Penguin, 2007

Balnaves, Mark et al, *Media Theories and Approaches: A Global Perspective*, Basingstoke: Palgrave Macmillan, 2008

Bignell, Jonathan, *Media semiotics: An Introduction*, Manchester: Manchester University Press, 2002 (Second edition)

Branston, Gill and Stafford, Roy, *The Media Student's Book*, Abingdon: Routledge, 2006 (Fourth edition)

Briggs, Asa and Burke, Peter, *A Social History of the Media: From Gutenberg to the Internet*, Cambridge: Polity, 2005 (Second edition)

Bryant, Jennings and Thompson, Susan, *Fundamentals of Media Effects*, New York: McGraw-Hill, 2002

Buckingham, David, *Media Education: Literacy, Learning and Contemporary Culture*, Cambridge: Polity, 2003

Connell, Barbara (ed), *Exploring the Media: Text, Industry Audience*, Leighton Buzzard: Auteur, 2008

Couldry, Nick, *Inside Culture: Reimagining the Method of Cultural Studies*, London: Sage, 2000

Curran, James and Seaton, Jean, *Power without Responsibility: The Press and Broadcasting in Britain*, Abingdon: Routledge, 2003(Sixth edition)

Devereux, Eoin, *Understanding the Media*, London: Sage, 2007 (Second edition)

Gane, Nicholas and Beer, David, *New Media: The Key Concepts*, Oxford: Berg, 2008

Gauntlett, David, *Media, Gender and Identity: An Introduction*, Abingdon: Routledge, 2008 (Second edition).

Gibson, Janine, *Media 08: The Essential Guide to the Changing Media Landscape*, London: Guardian Newspapers, 2008

Hall, Stuart (ed). *Representation: Cultural Representations and Signifying Practices*, London: Sage, 1997

Hesmondhalgh, David, *The Cultural Industries*, London: Sage, 2007 (Second edition)

Laughey, Dan, *Key Themes in Media Theory*, New York: Open University Press/McGraw-Hill, 2007

McQuail, Denis, *McQuail's Mass Communication Theory*, London Sage, 2005 (Fifth edition)

Moores, Shaun, *Media/Theory: Thinking about Media and Communications*, Abingdon: Routledge, 2005

Storey, John, *Cultural Theory and Popular Culture: An Introduction*, Harlow: Pearson Education, 2006 (Fourth edition)

Webster, Frank, *Theories of the Information Society*, Abingdon Routledge, 2006 (Third edition)

웹사이트(WEBSITES)

Advertising Standards Authority - www.asa.org.uk (Independent body that oversees advertising codes of practice and research on media trends)

British Broadcasting Corporation - www.bbc.co.uk

British Film Institute - www.bfi.org.uk

Channel 4 Media News - www.channel4.com/news/arts_entertainment/media

Chartered Institute of Public Relations - www.cipr.co.uk (Professional body that oversees public relations codes of practice as well as training. research and publications)

English and Media Centre – www.englishandmedia.co.uk (Resources and publications intended for school teachers and students)

Guardian Media News - www.guardian.co.uk/media

Higher Education Academy: Art Design Media Subject Centre - www.adm.heacademy.ac.uk (Resources. live issues and publications for media education, learning and teaching)

Index on Censorship - www.indexoncensorship.org (Independent organisation that promotes freedom of expression in the media and other sectors)

Indymedia - www.indymedia.org.uk (Alternative media site offering non-commercial, grassroots coverage of social and political news)

International Association for Media and Communication Research

- www.iamcr.org

Internet Movie Database - www.imdb.com (Comprehensive information on films and TV shows)

Media and Communications Studies - www.aber.ac.uk/media

Media and Social Theory Site - www.theory.org.uk

Media, Communication and Cultural Studies Association - www.meccsa.org.uk

Media Ed - www.mediaed.org.uk (Media teaching resources and ideas)

Media Education Association - www.mediaedassociation.org.uk

Media Literacy and Technology in Education - www.understand-media.com

Media Studies Coursework and Exam Revision Resources - www.mediaedu.co.uk

Media UK - www.mediauk.com (Directory for the media industries)

Media Week - www.mediaweek.co.uk (Business magazine for the commercial media sector)

National Media Museum - www.natlonalmediamuseum.org.uk

Office of communications - www.ofcom.org.uk (Independent regulator and competition authority for the media and communications industries)

Press Complaints Commission - www.pcc.org.uk (Independent body that oversees journalism codes of practice and investigates complaints about the editorial content of newspapers and magazines)

Society for Cinema and Media Studies - www.cmstudies.org

UCAS - www.ucas.com (Directory listing all UK Higher Education courses in media studies and related subjects)

Undercurrents - www.undercurrents.org (Alternative media site focusing on non-mainstream issues around social and environmental justice)

NOTES

1. McLuhan, Marshall, *Understanding Media: The Extensions of Man*, New York: McGraw-Hill (1964), p.8
2. Postman, Neil, *Amusing Ourselves to Death: Public Discourse in the Age of Show Business*, New York: Penguin (1985), p.76
3. Meyrowitz, Joshua, *No Sense of Place: The Impact of Electronic Media on Social Behaviour*, New York: Oxford University Press (1985), p.67
4. Fiske, John, *Understanding Popular Culture,* Boston: Unwin Hyman (1989), p.172
5. Buckingham, David, *Children Talking Television: The Making of Television Literacy*, London: Falmer Press (1993), p.269
6. Adrino, Theodor and Horkheimer, *Max, Dialectic of Enlightenment*, London: Allen Lane (1972), p.137
7. Schiller, Herbert, *Mass Communications and American Empire*, New York: AM Kelley (1969), p.124
8. Liebes, Tamar and Katz, Elihu, *The Export of meaning: Cross-cultural Readings of Dallas*, New York: Oxford University Press (1990), p.75
9. Barthes, Roland, *Mythologies*, London: Vintage Books (1957), p.116

10. Boorstin, Daniel, *The Image: A Guide to Pseudo-events in America*, New York: Atheneum (1961), p.11
11. Jameson, Fredric, *Postmodernism or, The Cultural Logic of Late Capitalism*, London: Verso (1991), p.10
12. Baudrillard, Jean, *Simulations*, New York: Semiotext(e) (1983), p.25
13. Baudrillard, Jean, *The Spirit of Terrorism, and Requiem for the Twin Towers*, London: Verso (2002), pp.27, 29
14. Toffler, Alvin, *The Third Wave*, London: Pan (1980), p.170.
15. Bell, Daniel, *The Coming of Post-industrial Society: A Venture in Social Forecasting*, New York: Basic Books (1973), p.188.
16. Cohen, Stanley, *Folk Devils and Moral Panics: The Creation of the Mods and Rockers*, London: MacGibbon and Kee (1972), p.1
17. Dyer, Richard, *Stars,* London: BFI (1979), p.38
18. Jenkins, Henry, *Textual Poachers: Television Fans and Participatory Culture*, New York: Routledge (1992), pp.23-24
19. Neale, *Stephen, Genre*, London: BFI (1980), p.19
20. Bolter, Jay David and Grusin, Richard, *Remediation: Understanding New Media*, Massachusettes: The MIT Press (2000), p.65
21. Keen, Andrew, *The Cult of the Amateur: How Today's Internet is Killing Our Culture and Assaulting Our Economy*, London: Nicholas Bealey (2007), p.17

찾아보기

ㅇ

ㅈ

ㅊ

ㅋ

ㅍ

ㅎ

미디어 연구

이론과 접근법

| 세미오시스 번역총서 06 |

미디어 연구

이론과 접근법

초판 인쇄	2017년 12월 22일
초판 발행	2017년 12월 29일

지은이	Dan Laughey
옮긴이	안미경
발행인	김인철
총괄 · 기획	가정준 Director, University Knowledge Press
편집장	신선호 Executive Knowledge Contents Creator
도서편집	박현정 Contents Creator
전자책편집	이리나 e-Contents Creator
재무관리	김은혜 Managing Creator
마케팅 파트장	백승이 Chief Marketing Creator
마케팅	박종원 Marketing Creator
발행처	한국외국어대학교 지식출판원
	02450 서울특별시 동대문구 이문로 107
	전화 02)2173-2493~7
	팩스 02)2173-3363
	홈페이지 http://press.hufs.ac.kr
	전자우편 press@hufs.ac.kr
	출판등록 제6-6호(1969. 4. 30)
디자인 · 편집	(주)이환디앤비 02)2254-4301
인쇄 · 제본	네오프린텍 02)718-3111

ISBN 979-11-5901-260-0 94080 정가 18,000원
ISBN 978-89-7464-833-6 (세트)

*잘못된 책은 교환하여 드립니다.

HUiNE은 한국외국어대학교 지식출판원의 어학도서, 사회과학도서, 지역학 도서 Sub Brand이다. 한국외대의 영문명인 HUFS, 현명한 국제전문가 양성(International +Intelligent)의 의미를 담고 있으며, 휴인(携引)의 뜻인 '이끌다, 끌고 나가다'라는 의미처럼 출판계를 이끄는 리더로서, 혁신의 이미지를 담고 있다.